KB188836

경건한 부모 밑에서 자란 아이들을 매주일 안수하며 기도할 때마다 '이 아이를 통하여 하나님의 뜻을 이루시옵소서'라고 구합니다. 이 아이들이 우리 민족의 소망이기 때문입니다. 그러므로 바르게 자라고 있는 온전한 모태 신앙을 가진 우리의 아이들에게 그리고 경건한 신앙으로 자녀들을 양육하는 모든 부모들에게 이 책을 드립니다.

하정완 목사와 성경읽기

다니엘,

뜻을 정하여
세상을 살자

하정완 목사와 성경읽기

다니엘, 꿈을 꾸며 세상을 살다

지은이 · 하정완
꾸민이 · 성상건
편집디자인 · 자연DPS

펴낸날 · 2024년 09월 3일
펴낸곳 · 도서출판 나눔사
주소 · (우) 10270 경기도 고양시 덕양구 푸른마을로 15
　　　　301동 1505호
전화 · 02)359-3429　팩스 02)355-3429
등록번호 · 2-489호(1988년 2월 16일)
이메일 · nanumsa@hanmail.net

ⓒ 하정완, 2024

ISBN　978-89-7027-881-0　03230

값 8,000원

하정완 목사와 성경읽기

다니엘,

뜻을 정하여 세상을 살자

하정완 | 지음

나눔사

성경을 읽어야 사람은 살 수 있다

"태초에 하나님이 천지를 창조하시니라"(창1:1)

'하나님이 세상을 창조하셨다.' 하나님이 만드셨습니다. 여기서 잊지 말아야 할 것은 창조 이전의 모습입니다. 창세기는 이렇게 기록하였습니다.

"땅이 혼돈하고 공허하며 흑암이 깊음 위에 있고 하나님의 영은
수면 위에 운행하시니라"(창1:2)

하나님이 창조하시기 전 세상의 진실은 상상할 수 없는 혼란이었고, 어둠이었고, 절망이었습니다. 아무 것도 없었던 완벽한 카오스였습니다. 이 모습이 세상이었습니다.

그런데 우리도 이 세상의 일부였습니다. 창세기 2장에 나오는 하나님이 사람을 창조하시는 장면에서 우리의 근거가 기술되는 것을 알 수 있

습니다.

　"여호와 하나님이 땅의 흙으로 사람을 지으시고"(창2:7)

　여기에서 "흙"이라는 말로 사용된 히브리어 '아파르'는, 단순한 흙이 아니라 '찌꺼기 더미'라는 뜻입니다. 그것이 혼돈과 공허한 것의 내용입니다. 우리의 본질적인 모습입니다.

　'세상의 본질, 사람의 근거는 허무와 혼돈, 무지와 사악 그리고 무질서, 결핍과 공허였다.' 이것이 창세기가 말하고 있는 이 세상과 사람의 뿌리입니다. 한마디로 말해서 'nothing' 아무 것도 아니었습니다. 그런데 그 같은 허무와 공허에서 하나님이 창조하신 것입니다. 이 창조의 핵심은 말씀이었습니다.

　"하나님이 이르시되 빛이 있으라 하시니 빛이 있었고... 그대로
　되니라"(창1:3,7)

　'빛이 있으라 하시니 빛이 있었다.' 세상이 바뀐 것입니다. 혼돈과 어둠이 밝혀진 것입니다. 그러나 중요한 것은 빛이 생긴 것이 아니라, 빛의 원인이 바로 하나님이 말씀하신 것에서 시작되었다는 것입니다. 하나님이 혼돈과 무질서한 세상에 말씀으로 질서를 두신 것입니다. 이 아름다운 창조를 요한복음은 이렇게 기록하였습니다.

　"태초에 말씀이 계시니라 이 말씀이 하나님과 함께 계셨으니 이
　말씀은 곧 하나님이시니라 그가 태초에 하나님과 함께 계셨고
　만물이 그로 말미암아 지은 바 되었으니 지은 것이 하나도 그가
　없이는 된 것이 없느니라"(요1:1-3)

창조의 핵심은 말씀이었습니다. 말씀으로 세상을 창조하신 것입니다. 말씀, 곧 성경이 중요한 이유입니다. 우리가 성경을 읽어야 하는 이유입니다. 말씀하는 순간 세상은 공허에서 질서가 잡혔고, 혼돈에서 소망이 생겼고, 죽음에서 생명이 드러났기 때문입니다. 그것이 창세기 1장이 말하고 있는 내용입니다.

"하나님이 이르시되 빛이 있으라 하시니 빛이 있었고"(창1:3)

그러므로 크리스천은 무조건 하나님의 말씀, 곧 성경으로 살아야 합니다. 더욱이 우리의 본질은 혼돈과 공허함이었기 때문입니다. 오로지 성경만이 우리를 다시 새롭게 빚으시고 창조하실 것이기 때문입니다. 성경을 읽어야 사람이 살 수 있는 결정적인 이유입니다. 성경 없이 우리가 살 길은 없기 때문입니다.

성경 66권 전부를 읽고 묵상하는 것은 모든 크리스천의 로망입니다. '하정완 목사와 성경 읽기' 시리즈는 그 같은 로망에 대한 개인적인 응답이자 한국 교회와 함께 하고 싶은 열망이기도 합니다.

이 근사한 성경 읽기를 할 수 있었던 것은 꿈이있는교회라는 토양 때문입니다. 그래서 꿈이있는교회와 사역자들 특히 원고를 정리해 준 김유빈 목사에게 감사를 드리며, 동시에 이 같은 출간을 흔쾌히 받아주신 나눔사 성상건 장로님과 직원들에게도 감사를 드립니다. 그러나 무엇보다 나의 신앙의 큰 지원자인 아내 서은희와 나의 주 하나님께 감사를 드립니다.

성서 한국을 꿈꾸며
하정완 목사

책 사용 가이드

'하정완 목사와 성경 읽기' 시리즈는 성경을 읽되 가능한 깊이 묵상하며 읽는 것을 돕기 위하여 만들어졌습니다. 단순 통독이 아니라 깊은 묵상을 할 수 있도록 준비하였습니다.

1. 가능한 성경 본문을 읽고 생각하십시오.
가장 좋은 방법입니다. 제시된 성경 본문을 먼저 읽는 것입니다. 그리고 자신에게 주신 단어 혹은 구절에 대한 느낌을 꼭 적으시기 바랍니다.

2. 성경을 읽지 않아도 묵상할 수 있게 배려했습니다.
매우 성경 중심으로 글을 썼기 때문입니다. 비록 성경을 읽지 못한 상태로 읽어가도 충분히 이해할 수 있도록 성경을 인용하였습니다.

3. 묵상일기를 남기십시오.
반드시 글을 읽고 난 후에 '묵상' 란에 오늘 말씀을 통하여 깨닫게 된 것을 한 줄이라도 남기셔야 합니다. 일종의 묵상일기입니다.

4. 전체를 이어서 읽어도 됩니다.
매일 한 개씩 읽으면서 진행해도 되지만 전체를 이어 읽으면서 성경을 묵상하는 것도 좋은 방법입니다.

'성경 66권을 묵상하면서 읽다!'
이것이 목표입니다.

: : 차 례 : :

제 1 부

250년 시간의 퇴적

어떤 신앙을 갖고 있는가

* Lexio 읽기 / 열왕기하 18:16-19

가능하면 오늘의 본문을 먼저 읽는 것이 좋지만 바로 아래 글을 읽어도 좋습니다. 충분히
본문을 이해하도록 배려하며 글을 썼습니다. 혹시 본문을 읽으신 분은 감동이 오는 말씀이
나 단어 혹은 느낌을 간단히 적으시면 좋습니다.

> "유다 왕 여호야김이 다스린 지 삼 년이 되는 해에 바벨론 왕
> 느부갓네살이 예루살렘에 이르러 성을 에워쌌더니"(단1:1)

B.C. 605년 남유다 왕 여호야김 시절 바벨론 느부갓네살의 침공으로
바벨론 1차 포로 시기가 시작됩니다. 그때 다니엘과 세 친구도 잡혀갑
니다. 앞으로 우리는 다니엘을 통하여 포로 생활 중에 행하신 하나님의
역사와 2차 포로로 잡혀간 에스겔과 당시 포로 생활, 그리고 에스라와
느헤미야로 이어지는 포로 귀환의 엄청난 역사를 살피고자 합니다.

이 대장정에서는 어떻게 하나님의 선택받은 백성들이 이와 같은 고통
의 시절을 만나게 되었는지 그 원인을 찾는 것이 매우 중요합니다. 이를
위해 먼저 열왕기, 역대기 그리고 예레미야서를 보겠습니다. 남유다의
멸망은 결코 하루아침에 일어난 것이 아니기 때문입니다. 특히 요시야의
엄청난 종교개혁에도 불구하고 회복되지 못한 부분은 더욱 살펴야 합니
다. 우리도 그런 멸망에 이를 수 있기 때문입니다.

다니엘이 포로로 잡혀간 시점으로부터 약 250년 전, 북이스라엘 왕

아합은 사이가 좋았던 남유다의 왕 여호사밧과 사돈을 맺습니다. 아합과 이세벨의 딸 아달랴와 여호사밧의 아들 여호람이 결혼한 것입니다. 이로 인해 양국은 정치적으로 안정되었지만 하나님을 제대로 믿던 남유다가 변질됩니다. 어머니 이세벨을 좇아 바알을 섬기던(왕하8:18,25-28) 아달랴의 영향으로 여호람 역시 악한 길로 들어서기 때문입니다. 남유다가 "아합의 집과 같이" 변한 것입니다.

> "그가 이스라엘 왕들의 길을 가서 아합의 집과 같이 하였으니 이
> 는 아합의 딸이 그의 아내가 되었음이라 그가 여호와 보시기에
> 악을 행하였으나"(왕하8:18)

여호람은 재위 8년 만에 죽었는데 그 후 아들 아하시야(B.C. 842-841년)가 왕위에 오릅니다. 남편 여호람도 쥐락펴락하던 아달랴의 손에 아하시야는 꼭두각시 같은 왕이 되었습니다. 아버지 여호람과 전혀 다를 바가 없었습니다. 여전히 아합의 집과 같았습니다.

* 묵상질문
한 사람에 의해 한 나라가 타락의 길로 들어설 수 있습니다. 종교는 그런 영향력이 있습니다. 그러므로 어떤 신앙을 갖고 있는지는 매우 중요합니다. 잊지 마십시오.

작아도 강한 악의 영향력

* Lexio 읽기 / 열왕기하 11:1-12:3
가능하면 오늘의 본문을 먼저 읽는 것이 좋지만 바로 아래 글을 읽어도 좋습니다. 충분히
본문을 이해하도록 배려하며 글을 썼습니다. 혹시 본문을 읽으신 분은 감동이 오는 말씀이
나 단어 혹은 느낌을 간단히 적으시면 좋습니다.

> "아하시야가 왕이 될 때에 나이가 이십이 세라 예루살렘에서 일
> 년을 통치하니라 그의 어머니의 이름은 아달랴라… 아하시야가
> 아합의 집 길로 행하여 아합의 집과 같이 여호와 보시기에 악을
> 행하였으니 그는 아합의 집의 사위가 되었음이러라"(왕하8:26-27)

북이스라엘처럼 남유다도 이세벨화 되어가는 것에 하나님은 심판의
도구로 예후를 일으키셨습니다. 북이스라엘의 장수였던 예후가 북이스
라엘과 남유다 연합군이 아람 왕 하사엘과 전쟁을 벌이고 있을 때 혁명
을 일으킨 것입니다. 북이스라엘의 왕 요람이 부상을 입고 후방으로 이
동하자 남유다의 아하시야가 문병을 왔는데, 그때 예후가 거사를 행한
것입니다. 그로 인해 북이스라엘의 요람과 함께 남유다의 아하시야가
죽습니다.

그렇게 갑자기 아들 아하시야가 죽자 아달랴는 왕위 욕심을 드러냅니
다. 매우 잔인했습니다. 그녀는 아하시야의 아들들, 곧 자신의 손자들
을 비롯하여 모든 왕족들을 다 죽이고 스스로 왕위에 오릅니다.

"아하시야의 어머니 아달랴가 그의 아들이 죽은 것을 보고 일어
나 왕의 자손을 모두 멸절하였으나"(왕하11:1)

　　다행히 아하시야의 누이인 여호세바가 아하시야의 아들 요아스를 몰
래 숨겨주어 왕가의 멸족은 막습니다. 이 엄청난 악을 저지른 아달랴를
역대기서는 "악한 여인"(대하24:7)이라고 기록합니다. 그녀는 통치하는
6년 동안 하나님의 전을 파괴하고 모든 성물들을 바알들을 위하여 사용
하는 패역을 행하였습니다.

　　아달랴가 통치한지 7년 되던 해 제사장 여호야다가 혁명을 일으켰고
6년 동안 "여호와의 전"에 숨어 있던 요아스가 왕이 됩니다. 초기 요아
스는 통치를 잘 합니다. 제사장 여호야다 때문이었습니다. 하지만 여호
야다가 죽자 요아스는 할머니 아달랴의 신앙으로 돌아갑니다. 도로 그
녀가 가져온 신을 섬겼습니다. 자신을 죽이려던 원수였지만 나라 전체에
뿌리 깊게 드리워진 이세벨−아달랴의 그림자에 기댄 것입니다.

* **묵상질문**
여호야다의 선보다 아달랴의 악이 더 강한 것을 주의해야 합니다. 잉크 한 방울이 양동이
물 전체를 흐리듯 악은 작은 모양이라도 영향이 큽니다. 그러므로 우리 안의 악을 주의해
야 합니다.

교만은 악의 통로이다

* Lexio 읽기 / 역대하 25:1-16
가능하면 오늘의 본문을 먼저 읽는 것이 좋지만 바로 아래 글을 읽어도 좋습니다. 충분히
본문을 이해하도록 배려하며 글을 썼습니다. 혹시 본문을 읽으신 분은 감동이 오는 말씀이
나 단어 혹은 느낌을 간단히 적으시면 좋습니다.

> "여호야다가 죽은 후에 유다 방백들이 와서 왕에게 절하매 왕이
> 그들의 말을 듣고 그의 조상들의 하나님 여호와의 전을 버리고
> 아세라 목상과 우상을 섬겼으므로"(대하24:17-18)

아달랴의 우상숭배와 이세벨의 그림자는 남유다를 지배하고 있었습니다. 그래서 요아스가 어찌할 수 없었는지도 모릅니다. 이미 유다의 신하들과 백성들은 아세라 목상과 우상을 섬기고 있었습니다. 악의 영향력입니다.

하나님은 선지자들을 보내 경고하지만, 요아스는 듣지 않습니다. 치명적으로 요아스는 하나님의 신이 임한 제사장 여호야다의 아들 스가랴의 예언과 경책을 청종하지 않고, 오히려 그를 "여호와의 전 뜰 안에서 돌로 쳐"(대하24:21) 죽이는 악을 행합니다. 그것이 끝이었습니다. 뒤를 이어 왕이 된 아들 아마샤도 영향을 받습니다. 처음엔 아마샤도 하나님이 보시기에 바르게 행하였지만, 곧 그 안에 남아있던 악과 교만이 드러났습니다.

"아마샤가 여호와께서 보시기에 정직하게 행하기는 하였으나 온
전한 마음으로 행하지 아니하였더라"(대하25:2)

아마샤는 아버지와 달라 보였지만 온전하지 않았습니다. 에돔과의 전
쟁에서 승리한 후 교만이 더욱 드러납니다. 아마샤가 전리품으로 엉뚱
하게 그들이 섬기는 신을 가져온 것입니다. 그것만이 아니라 어이없게도
그 신을 경배합니다.

"아마샤가 에돔 사람들을 죽이고 돌아올 때에 세일 자손의 신들
을 가져와서 자기의 신으로 세우고 그것들 앞에 경배하며 분향
한지라"(대하25:14)

이해할 수 없는 선택입니다. 자신에게 패한 나라의 신을 경배하는 어
리석음 말입니다. 그것은 하나님을 인정하지 않는 행위였습니다. 자신에
게 패한 세일 자손의 신을 경배함으로 그 신보다 자신이 더 높은 존재
라고 스스로를 드러내고자 한 것입니다. 교만의 결과였습니다.

"교만은 패망의 선봉이요 거만한 마음은 넘어짐의 앞잡이니라"
(잠16:18)

* 묵상질문
교만은 악의 통로이고 패망의 길목입니다. 오늘 우리가 된 것은 오로지 하나님의 은혜입니
다. 그것을 늘 돌아보고 생각해야 합니다.

하나님과 관계없는 나라가 되었기에

* Lexio 읽기 / 열왕기하 16:1-9

가능하면 오늘의 본문을 먼저 읽는 것이 좋지만 바로 아래 글을 읽어도 좋습니다. 충분히 본문을 이해하도록 배려하며 글을 썼습니다. 혹시 본문을 읽으신 분은 감동이 오는 말씀이나 단어 혹은 느낌을 간단히 적으시면 좋습니다.

> "아마샤가 에돔 사람들을 죽이고 돌아올 때에 세일 자손의 신들을 가져와서 자기의 신으로 세우고 그것들 앞에 경배하며 분향한지라"(대하25:14)

말도 안 되는 선택을 한 아마샤는 스스로 멸망의 길로 걸어갑니다. 이어 아들 웃시야(아사랴/왕하14:21)가 왕위에 올라 52년을 통치하였고 나름대로 하나님 보시기에 정직히 행하였습니다. 그로 인해 나라가 부강해지고 평안해졌는데 그때부터 웃시야는 자신의 위치와 본분을 넘어선 교만한 행동을 합니다. 심지어 제사장만이 할 수 있는 분향을 행합니다.

> "그가 강성하여지매 그의 마음이 교만하여 악을 행하여 그의 하나님 여호와께 범죄하되 곧 여호와의 성전에 들어가서 향단에 분향하려 한지라"(대하26:16)

그로 인해 나병이 발병하였고 웃시야는 별궁에 격리되어 죽는 날까지 그곳에 있게 됩니다. 이때 아들 요담이 아버지를 대신하여 섭정을 하다가 왕위에 오릅니다. 그리고 요담을 이어 왕위에 오른 이가 아하스입니다. 아하스는 처음부터 이상했습니다. 초기부터 하나님을 멀리하는 태도를 취하였습니다. 심지어 자신의 아들을 몰록에게 불살라 바치는 제사를 행하는 등 악을 행하고 우상숭배를 조장합니다(왕하16:3-4). 아하스는 하나님과 상관없는 자였습니다.

그즈음 국제적으로는 앗수르 왕국이 강력해지고 있었습니다. 앗수르의 성장을 경계하던 북이스라엘의 베가는 다메섹의 르신과 함께 반(反)앗수르 동맹을 맺습니다. 그리고 남유다 아하스에게도 반앗수르 동맹에 가입할 것을 요청합니다. 하지만 이미 앗수르를 추종하고 두려워하던 아하스가 베가의 제안을 거절합니다. 그래서 북이스라엘 왕 베가와 다메섹의 르신이 남유다를 공격합니다.

이때 아하스는 하나님을 찾지 않습니다. 그동안의 태도를 볼 때 당연해 보입니다. 오히려 앗수르에게 도움을 청합니다. 이것을 빌미로 앗수르의 디글랏 빌레셀은 다메섹을 치고 북이스라엘의 많은 성들을 점령합니다. 당연히 그 후 북이스라엘은 약화되었고, 왕 베가는 친앗수르파인 호세아에게 살해당합니다. 북이스라엘이 멸망으로 가게 된 이유였습니다.

* **묵상질문**

'하나님을 찾지 않는다!' 그것은 하나님의 역사에서 제외되는 것을 말합니다. 어떻게 생각하십니까?

_____

_____

악한 길로 인도하다

* Lexio 읽기 / 열왕기하 21:1-11
가능하면 오늘의 본문을 먼저 읽는 것이 좋지만 바로 아래 글을 읽어도 좋습니다. 충분히 본문을 이해하도록 배려하며 글을 썼습니다. 혹시 본문을 읽으신 분은 감동이 오는 말씀이나 단어 혹은 느낌을 간단히 적으시면 좋습니다.

"아하스가 앗수르 왕 디글랏 빌레셀에게 사자를 보내 이르되 나
는 왕의 신복이요 왕의 아들이라"(왕하16:7)

앗수르의 개입으로 전쟁에서 승리하자 이에 감격한 아하스가 직접 앗수르의 왕 디글랏 빌레셀을 만나러 다메섹까지 갑니다. 다메섹에 간 아하스는 그들이 섬기는 제단을 보고 감동하여 그 구조와 양식을 그려 제사장 우리야에게 보내어 속히 만들라고 합니다. 우리야는 왕의 명령을 따라 제단을 만듭니다. 그리고 아하스가 돌아왔을 때입니다. 오자마자 그는 그 제단에서 제사를 드렸을 뿐 아니라 여호와의 전에 있던 "놋 제단"을 그 제단의 북쪽으로 아예 치워버립니다. 그것만이 아니었습니다. 여호와의 성전 문을 폐쇄하였습니다. 완전히 하나님을 등지는 행위였습니다.

"아하스가 하나님의 전의 기구들을 모아 하나님의 전의 기구들을
부수고 또 여호와의 전 문들을 닫고 예루살렘 구석마다 제단을
쌓고 유다 각 성읍에 산당을 세워 다른 신에게 분향하여 그의 조
상들의 하나님 여호와를 진노하게 하였더라"(대하28:24-25)

완벽한 배교였습니다. 이 뿌리 깊은 배교의 씨앗은 손자 므낫세에 이르러 만개합니다. 므낫세는 한술 더 떠 단순히 다른 신을 허용하거나 제단을 만든 것이 아니라 아예 예루살렘 성전에 다른 신들을 섞어 예배합니다.

> "여호와께서 전에 이르시기를 내가 내 이름을 예루살렘에 두리라
> 하신 여호와의 성전에 제단들을 쌓고 또 여호와의 성전 두 마당
> 에 하늘의 일월 성신을 위하여 제단들을 쌓고… 또 자기가 만든
> 아로새긴 아세라 목상을 성전에 세웠더라"(왕하21:4-5,7)

이 엄청난 배교와 악행을 저지른 므낫세의 통치 기간은 무려 55년이었습니다(대하33:1). 그 기간 동안 므낫세는 아버지 히스기야와 달리 악을 행했고 그동안 쫓아냈던 이방신들을 다시 섬겼습니다. 므낫세가 한 일은 이스라엘을 악한 일을 하도록 인도한 것이었습니다.

> "오히려 므낫세는, 주님께서 이스라엘 자손의 면전에서 멸망시
> 키신 그 이방 민족들보다 더 악한 일을 하도록 백성을 인도하였
> 다."(새번역/왕하21:9)

* 묵상질문
어떤 지도자가 될 것인지 매일 질문해야 합니다. 혹시 악과 불의와 비신앙으로 이끄는 역할을 하고 있지는 않은지 매일 돌아봐야 합니다. 매일 그리해야 합니다.

요시야와 예레미야의 개혁

가능하면 오늘의 본문을 먼저 읽는 것이 좋지만 바로 아래 글을 읽어도 좋습니다. 충분히 본문을 이해하도록 배려하며 글을 썼습니다. 혹시 본문을 읽으신 분은 감동이 오는 말씀이나 단어 혹은 느낌을 간단히 적으시면 좋습니다.

"오히려 므낫세는, 주님께서 이스라엘 자손의 면전에서 멸망시키신 그 이방 민족들보다 더 악한 일을 하도록 백성을 인도하였다."(새번역/왕하21:9)

므낫세의 통치 55년은 남유다로 하여금 하나님과 관계없는 이방 민족 같은 나라가 되기에 충분한 시간이었습니다. 그는 모든 종류의 악과 배교를 행하였습니다. 므낫세 때문에 백성들은 다른 어떤 이방 나라들보다도 더 악한 배교의 삶을 삽니다. "므낫세의 꾀임"이라고 역대기 기자는 기록하였습니다.

"유다와 예루살렘 주민이 므낫세의 꾀임을 받고 악을 행한 것이 여호와께서 이스라엘 자손 앞에서 멸하신 모든 나라보다 더욱 심하였더라"(대하33:9)

말년에 므낫세가 앗수르의 포로가 되었을 때 하나님 앞에 뉘우치고 돌아서지만, 깊은 뿌리는 뽑지 못했습니다. 아들 아몬이 왕위에 올라 2년을 통치했지만 그에게도 희망은 없었습니다. 므낫세 때문이었습니다.

"그의 아버지 므낫세의 행함 같이 여호와 보시기에 악을 행하여 아몬이 그의 아버지 므낫세가 만든 아로새긴 모든 우상에게 제 사하여 섬겼으며"(대하33:22)

이어 요시야가 왕이 됩니다. 당시 요시아는 8살이었는데(대하34:1) 왕 위에 오른 지 8년째인 16살에 요시야는 하나님을 "비로소 찾고"(대하 34:3) 온전히 믿습니다. 그리고 재위 12년에 종교 개혁을 일으킵니다. 그는 산당을 정리하고 예루살렘을 새롭게 하고자 하였습니다.

"제십이년에 유다와 예루살렘을 비로소 정결하게 하여... 제단들을 허물며 아세라 목상들과 아로새긴 우상들을 빻아 가루를 만들며 온 이스라엘 땅에 있는 모든 태양상을 찍고 예루살렘으로 돌아왔더라"(대하34:3,7)

이 같은 요시야 개혁에 참여한 하나님의 선지자가 예레미야입니다.

"아몬의 아들 유다 왕 요시야가 다스린 지 십삼 년에 여호와의 말씀이 예레미야에게 임하였고"(렘1:2)

* 묵상질문

므낫세의 죄를 극복하는 요시야의 종교개혁에 예레미야가 함께 했습니다. 그런데 우리가 결과를 보겠지만 실패합니다. 왜 실패한 것입니까?

돌아갈 수 없을지도 모른다

* Lexio 읽기 / 열왕기하 23:19-24

가능하면 오늘의 본문을 먼저 읽는 것이 좋지만 바로 아래 글을 읽어도 좋습니다. 충분히
본문을 이해하도록 배려하며 글을 썼습니다. 혹시 본문을 읽으신 분은 감동이 오는 말씀이
나 단어 혹은 느낌을 간단히 적으시면 좋습니다.

> "아몬의 아들 유다 왕 요시야가 다스린 지 십삼 년에 여호와의 말
> 씀이 예레미야에게 임하였고"(렘1:2)

예레미야의 지원을 받은 요시야의 종교개혁은 매우 근원적이고 뿌리
가 깊었기에 오랜 시간이 걸렸습니다. 그런 까닭에 단순히 예루살렘만
이 아니라 유대 전역에 걸쳐 개혁을 단행하였습니다(대하34:6-7). 요시
야의 종교개혁은 무려 6년이 소요됩니다. 그의 나이 26살 될 때까지였습
니다. 개혁이 마무리될 즈음 요시야는 성전 수리를 지시합니다.

> "요시야가 왕위에 있은 지 열여덟째 해에 그 땅과 성전을 정결하
> 게 하기를 마치고 그의 하나님 여호와의 전을 수리하려 하여"
> (대하34:8)

성전을 수리하던 중 대제사장 힐기야가 모세의 율법책을 발견합니다
(대하34:14). 하나님의 은총이었습니다. 대제사장 힐기야가 건넨 율법책
을 서기관 사반이 요시야 왕에게 가져와 읽을 때였습니다. 요시야는 서
기관이 말씀을 읽을 때 옷을 찢습니다.

"사반이 왕의 앞에서 읽으매 왕이 율법책의 말을 듣자 곧 그의 옷
을 찢으니라"(왕하22:10-11)

회복의 가능성이었습니다. 요시야는 정말 아름다운 왕이었습니다. 드디어 그동안 제대로 드린 적이 없던 유월절을 온전히 지킵니다. 사사 시대 이후 어떤 열왕들도 하지 못한 철저한 유월절이었습니다.

"왕이 뭇 백성에게 명령하여 이르되 이 언약책에 기록된 대로 너
희의 하나님 여호와를 위하여 유월절을 지키라 하매 사사가 이
스라엘을 다스리던 시대부터 이스라엘 여러 왕의 시대와 유다
여러 왕의 시대에 이렇게 유월절을 지킨 일이 없었더니"
(왕하23:21-22)

하지만 그들의 개혁은 실패합니다. 외형적 개혁은 어느 정도 권력의 차원에서 진행할 수 있었지만 내면의 개혁은 그렇게 쉬운 것이 아니었기 때문이었습니다. 오랫동안 자리 잡은 폐해가 그들을 돌아설 수 없게 만들었습니다. 이미 생활화된 상태였습니다.

* **묵상질문**
회개하고 돌아올 수 없을 만큼 굳어질 수 있습니다. 그러므로 돌아설 수 있을 때 매일 돌아가야 합니다. 매일 추구해야 합니다.

죽음은 하나님의 배려였다

* Lexio 읽기 / 열왕기하 23:25-30
가능하면 오늘의 본문을 먼저 읽는 것이 좋지만 바로 아래 글을 읽어도 좋습니다. 충분히 본문을 이해하도록 배려하며 글을 썼습니다. 혹시 본문을 읽으신 분은 감동이 오는 말씀이나 단어 혹은 느낌을 간단히 적으시면 좋습니다.

> "사사가 이스라엘을 다스리던 시대부터 이스라엘 여러 왕의 시대
> 와 유다 여러 왕의 시대에 이렇게 유월절을 지킨 일이 없었더니
> 요시야 왕 열여덟째 해에 예루살렘에서 여호와 앞에 이 유월절
> 을 지켰더라"(왕하23:22-23)

요시야의 개혁과 예레미야의 회개의 선포 앞에 이스라엘은 돌아오는 듯 보였습니다. 하지만 불가능했습니다. 그들은 말로만 회개할 뿐, 돌아올 수 없을 만큼 너무 멀리 가 있는 존재들이었습니다.

> "요시야 왕 때에 여호와께서 또 내게 이르시되 너는 배역한 이스
> 라엘이 행한 바를 보았느냐 그가 모든 높은 산에 오르며 모든 푸
> 른 나무 아래로 가서 거기서 행음하였도다 그가 이 모든 일들을
> 행한 후에 내가 말하기를 그가 내게로 돌아오리라 하였으나...
> 유다가 진심으로 내게 돌아오지 아니하고 거짓으로 할 뿐이니
> 라"(렘3:6-7,10)

요시야의 종교개혁과 예레미야의 외침은 소용없었습니다. 앞서 므낫

세가 저질러 놓은 타락, 백성들을 망하게 한 것은 살과 피 같았습니다. 예레미야가 사역을 시작한 요시야 13년(B.C. 626년)은 남유다에게는 매우 희망적인 시기였습니다. 우선 역사적 지형이 바뀌고 있었습니다. B.C. 721년 앗수르가 북이스라엘을 멸망시키는 등 광풍의 시기는 지나고 앗수르는 힘을 잃고 있었습니다. B.C. 626년 나보폴랏살이 앗수르로부터 독립을 하였고, B.C. 612년 앗수르는 바벨론과 메대 연합군에 의해 멸망당합니다. 하지만 앗수르는 유브라데 강 근처의 하란과 갈그미스를 중심으로 전력을 다지고 있었습니다.

그리고 앗수르의 몰락과 바벨론 세력의 확장을 위험스럽게 바라보던 애굽의 바로 느고가 원정길에 나섰는데 반앗수르였던 요시야가 느고를 막기 위해 B.C. 609년 므깃도에서 전투를 벌입니다. 그리고 허무하게 죽음에 이릅니다. 이해할 수 없는 일이었습니다. 하지만 그의 죽음은 하나님의 배려였습니다. 유다의 멸망을 보지 않게 하려는 하나님의 은혜였습니다.

> "그러므로 보라 내가 너로 너의 조상들에게 돌아가서 평안히 묘
> 실로 들어가게 하리니 내가 이 곳에 내리는 모든 재앙을 네 눈이
> 보지 못하리라"(왕하22:20)

* 묵상질문
이해할 수 없는 일이지만 우리는 이 사건 뒤에 숨어 있는 의미를 깊이 살펴야 합니다. 어떤 깨달음이 있습니까?

250년 시간의 퇴적

* Lexio 읽기 / 열왕기하 23:31–37
가능하면 오늘의 본문을 먼저 읽는 것이 좋지만 바로 아래 글을 읽어도 좋습니다. 충분히
본문을 이해하도록 배려하며 글을 썼습니다. 혹시 본문을 읽으신 분은 감동이 오는 말씀이
나 단어 혹은 느낌을 간단히 적으시면 좋습니다.

> "그러므로 보라 내가 너로 너의 조상들에게 돌아가서 평안히 묘
> 실로 들어가게 하리니 내가 이 곳에 내리는 모든 재앙을 네 눈이
> 보지 못하리라"(왕하22:20)

요시야를 하나님이 데려가셨다는 것은 더 이상 변화할 수 없을 만큼
유다가 변형되고 퇴락했다는 뜻이었습니다. 므낫세, 아하스 더 거슬러
아마샤, 요아스, 정점에는 아달랴가 있었고 그 뿌리는 이세벨이었습니
다. 아달랴로부터 본격화된 변질과 변형은 요시야 왕까지 무려 250년의
퇴적이었습니다. 변할 수 없을 만큼 생활화되었다는 뜻입니다. 요시야로
인해 종교개혁이 성공하고 남유다가 돌아선 것처럼 보였지만 결국엔 실
패한 이유였습니다. 이미 생활화된 것을 바꾸는 것은 불가능했던 것입
니다.

므깃도 전투 후 애굽은 전력의 손실을 입게 되었고 바벨론 공격은 실
패하였습니다. 그래서 돌아오던 길에 남유다를 침공하여 요시야의 뒤를
이어 왕이 되었던 여호아하스를 폐위시키고 애굽으로 잡아갑니다. 왕위
에 오른 지 석 달 만에 벌어진 일입니다. 애굽은 친애굽파였던 엘리야김

을 왕으로 세우고 이름을 여호야김으로 바꿉니다. 여호야김은 바로 느고에 의해 왕 위에 오른 까닭에 친애굽 정책을 폈고 매해 은과 금으로 조공을 바칩니다.

여호야김이 애굽에 조공을 바쳤던 것은 애굽이 바벨론의 위협으로부터 자신을 지켜줄 것이라 믿었기 때문이었습니다. 하지만 예레미야는 다른 시각으로 보고 있었습니다. 유다가 해야 할 것은 죄와 불의를 회개하는 것이었습니다. 그러나 여호야김은 관심이 없었습니다.

> "여호야김이 그의 조상들이 행한 모든 일을 따라서 여호와 보시기에 악을 행하였더라"(왕하23:37)

그 즈음 패권을 잡은 바벨론은 더 강력해져 갔습니다. 특히 느부갓네살 2세가 왕위에 오르면서 군대를 이끌고 앗수르와 바로 느고의 애굽 군대와의 전쟁을 벌입니다. 바로 유브라데 강 북쪽 갈그미스에서 벌어진 B.C. 605년의 갈그미스 전쟁입니다.

* 묵상질문

생활화된 죄악의 열매는 반드시 드러납니다. 죄의 퇴적의 결과입니다. 기억하셔야 합니다.

제 2 부

다니엘의 의미

다니엘서의 자리

* Lexio 읽기 / 다니엘 1:1-6
가능하면 오늘의 본문을 먼저 읽는 것이 좋지만 바로 아래 글을 읽어도 좋습니다. 충분히
본문을 이해하도록 배려하며 글을 썼습니다. 혹시 본문을 읽으신 분은 감동이 오는 말씀이
나 단어 혹은 느낌을 간단히 적으시면 좋습니다.

> "여호야김이 그의 조상들이 행한 모든 일을 따라서 여호와 보시
> 기에 악을 행하였더라"(왕하23:37)

B.C. 605년 갈그미스 전쟁은 남유다를 향한 마지막 경고 같은 것이었
습니다. 그래서 예레미야는 더 강력한 예언을 합니다. 구체적으로 바벨
론과 느부갓네살을 언급하며 70년 포로 생활을 예언하였고 하나님의
계획이 시작되었음을 말합니다. 그럴수록 왕 여호야김은 예레미야를 싫
어합니다. 그러나 하나님은 듣지 않는 여호야김과 이스라엘을 위해 두
루마리에 그 예언들을 기록하게 하셨습니다. 예레미야는 바룩의 도움을
받아 그 예언들을 두루마리에 적어둡니다.

그 즈음 갈그미스 전쟁에서 이긴 느부갓네살이 예루살렘을 공격해올
조짐을 보입니다. 여호야김은 국가적 위험 상황에서 금식일을 선포합니
다. 그제야 예레미야의 예언을 심각하게 여긴 의식 있는 고관들이 예레
미야와 바룩을 피신케 한 후에 적어 둔 예언을 왕에게 알립니다. 그러나
왕은 두루마리에 쓰인 예언을 듣자마자 그것을 베어 화롯불에 던져 태
워버립니다.

"여후디가 서너 쪽을 낭독하면 왕이 칼로 그것을 연하여 베어 화
로 불에 던져서 두루마리를 모두 태웠더라"(렘36:23)

여호야김의 행위는 희망을 찢어 태우는 행위와 다름없었습니다. 방법
이 없었습니다. 드디어 갈그미스 전쟁에서 이긴 바벨론은 앗수르와 친애
굽 정책을 편 팔레스타인 국가들은 초토화시킵니다. 유다도 예외는 아
니었습니다. 유다를 침공한 바벨론은 다니엘을 비롯한 세 친구와 "왕족
과 귀족 몇 사람"(단1:3)을 포로로 잡아갑니다. 소위 바벨론 1차 포로입
니다. B.C. 605년의 일입니다. 바로 다니엘서의 자리입니다.

> "유다 왕 여호야킴 제삼년에 바빌론 왕 느부갓네살이 쳐들어와
> 예루살렘을 포위한 일이 있었다... 느부갓네살 왕은 내시부 대신
> 아스브낫에게 명하여 이스라엘 사람 가운데서 왕족과 귀족들의
> 자제를 몇 명 뽑아 들이되... 그들 가운데 유다인으로는 다니엘,
> 하나니야, 미사엘, 아자리야라는 젊은이들이 있었다."
>
> (공동번역/단1:1,3,6)

---

* 묵상질문

멸망은 하루아침에 이뤄지는 것이 아닙니다. 그리고 멸망의 끝자리에도 하나님의 계획은
존재했습니다. 다니엘은 바로 그 희망의 방법이었습니다.

포로로 잡혀가신 하나님

* Lexio 읽기 / 다니엘 1:1-2

가능하면 오늘의 본문을 먼저 읽는 것이 좋지만 바로 아래 글을 읽어도 좋습니다. 충분히 본문을 이해하도록 배려하며 글을 썼습니다. 혹시 본문을 읽으신 분은 감동이 오는 말씀이나 단어 혹은 느낌을 간단히 적으시면 좋습니다.

"여후디가 서너 쪽을 낭독하면 왕이 칼로 그것을 연하여 베어 화
로 불에 던져서 두루마리를 모두 태웠더라"(렘36:23)

하나님의 말씀이 적힌 두루마리를 모두 태워버린 행위는 하나님과 선을 긋는 표현이었습니다. 끝을 의미했습니다. 결국 B.C. 605년 갈그미스 전쟁에서 승리한 바벨론의 느부갓네살이 예루살렘을 공격하여 성을 에워쌉니다.

"유다 왕 여호야김이 다스린 지 삼 년이 되는 해에 바벨론 왕 느
부갓네살이 예루살렘에 이르러 성을 에워쌌더니"(단1:1)

에워쌌다는 것은 아무것도 할 수 없는 막다른 길에 갇힌 것과 같은 상황입니다. 속절없이 모든 것을 내줘야 했던 이유입니다. 하지만 사실이 일은 하나님이 하신 일이었습니다. 이 항복은 하나님이 허락하신 것이었습니다.

"주께서 유다 왕 여호야김과 하나님의 전 그릇 얼마를 그의 손에

넘기시매"(단1:2a)

그런데 항복의 표현으로 "하나님의 전 그릇 얼마를" 넘기셨다는 기록이 이상해 보입니다. 당시 전쟁에서 이긴 나라는 패전국의 신상을 전리품으로 가져왔는데, 남유다에는 여호와 신상이 없었습니다. 그런 까닭에 바벨론은 성전 그릇들을 남유다의 신상(神像)으로 여기고 가져간 것입니다. "자기 신들의 신전에 가져다가 그 신들의 보물 창고에"(단1:2b) 둔 이유입니다. 하나님께서 스스로 포로로 잡혀가신 것과 같은 모욕을 자초하신 것이었습니다.

바벨론은 "이스라엘 사람 가운데서 왕족과 귀족들의 자제를 몇 명 뽑아"(공동번역/단1:3) 포로로 잡아갔습니다. 예루살렘에서 약 1,400km 떨어진 바벨론까지의 긴 여정이었습니다. 포로 중에는 다니엘을 비롯한 세 친구가 있었습니다. 이것이 바로 바벨론 1차 포로입니다.

이 역사는 비극처럼 보이지만 사실 희망이 있는 비극입니다. 바로 하나님이 계획하시고 진행하신 일이기 때문입니다. 그러므로 해결이 가능한 비극이었습니다. 예레미야의 예언처럼 회개하고 하나님 앞에 겸비함으로 서는 순간 회복이 시작되는 경우였기 때문입니다.

＊ 묵상질문
'하나님께서 포로로 잡혀가시다!' 기막힌 하나님이십니다. 이제 우리가 해야 할 태도와 처신이 보이지 않습니까?

바벨론의 식민지 포로 교육

* Lexio 읽기 / 다니엘 1:3-5

가능하면 오늘의 본문을 먼저 읽는 것이 좋지만 바로 아래 글을 읽어도 좋습니다. 충분히
본문을 이해하도록 배려하며 글을 썼습니다. 혹시 본문을 읽으신 분은 감동이 오는 말씀이
나 단어 혹은 느낌을 간단히 적으시면 좋습니다.

바벨론은 이전의 앗수르 제국과 다른 점령국 정책을 썼습니다. 앗수
르는 주로 식민지 백성들을 앗수르 본국과 인근에 통치하는 나라에 흩
어놓아 혼합시키는 민족 통합 정책을 썼습니다.

> "호세아 제구년에 앗수르 왕이 사마리아를 점령하고 이스라엘 사
> 람을 사로잡아 앗수르로 끌어다가 고산 강 가에 있는 할라와 하
> 볼과 메대 사람의 여러 고을에 두었더라"(왕하17:6)

그뿐만 아니라 앗수르는 북이스라엘의 수도였던 사마리아를 중심으
로 이방 여러 족속들을 거주하게 하였고 남아있던 이스라엘 백성들과
혼합 결혼을 시켰습니다. 북이스라엘 백성들이 순수 혈통을 잃게 된 이
유입니다.

> "앗수르 왕이 바벨론과 구다와 아와와 하맛과 스발와임에서 사
> 람을 옮겨다가 이스라엘 자손을 대신하여 사마리아 여러 성읍에
> 두매 그들이 사마리아를 차지하고 그 여러 성읍에 거주하니라"
> (왕하17:24)

하지만 바벨론은 앗수르와 달리 이데올로기를 중요시하였습니다. 강압적인 민족 혼합 정책을 편 것이 아니라 식민지의 엘리트들을 포로로 잡아 와 엄청난 혜택과 교육을 통해 바벨론화 시키고자 했습니다. 그렇게 친바벨론화 된 이들을 통해 바벨론 예속 통치를 계속 이어가고자 한 것입니다. 다니엘 등 엘리트 소년들을 포로로 잡아 온 이유입니다.

> "왕이 환관장 아스부나스에게 말하여 이스라엘 자손 중에서 왕족과 귀족 몇 사람 곧 흠이 없고 용모가 아름다우며 모든 지혜를 통찰하며 지식에 통달하며 학문에 익숙하여 왕궁에 설 만한 소년을 데려오게 하였고"(단1:3-4a)

바벨론은 이들에게 왕의 음식을 주고, 최고의 시설에서 바벨론의 학문과 언어를 가르쳤습니다. 약 3년 동안의 특별 교육이었습니다.

> "그들에게 갈대아 사람의 학문과 언어를 가르치게 하였고 또 왕이 지정하여 그들에게 왕의 음식과 그가 마시는 포도주에서 날마다 쓸 것을 주어 삼 년을 기르게 하였으니 그 후에 그들은 왕 앞에 서게 될 것이더라"(단1:4b-5)

* 묵상질문
3년 동안 최고의 시설에서 최고의 대우를 받고 최고의 교육을 받으면 사람이 바뀌지 않겠습니까?

_____

_____

모든 희망의 시작

* Lexio 읽기 / 다니엘 1:3-7

가능하면 오늘의 본문을 먼저 읽는 것이 좋지만 바로 아래 글을 읽어도 좋습니다. 충분히
본문을 이해하도록 배려하며 글을 썼습니다. 혹시 본문을 읽으신 분은 감동이 오는 말씀이
나 단어 혹은 느낌을 간단히 적으시면 좋습니다.

> "그들에게 갈대아 사람의 학문과 언어를 가르치게 하였고 또 왕
> 이 지정하여 그들에게 왕의 음식과 그가 마시는 포도주에서 날
> 마다 쓸 것을 주어 삼 년을 기르게 하였으니"(단1:4b-5a)

바벨론이 제공한 최상의 교육은 일종의 정신개조 훈련이었습니다. 또
나이가 어릴 때 배워야 효과적이라고 생각했기에 바벨론이 데려온 다니
엘과 세 친구는 약 15세 전후였습니다. 바벨론은 교육을 시작하면서 먼
저 포로들의 이름을 바벨론식으로 바꿨습니다. 그들이 지닌 원래 이름
의 의미는 다음과 같았습니다.

> 다니엘 - 하나님은 나의 재판관이시다.
> 하나냐 - 여호와께서 은혜를 베푸셨다.
> 미사엘 - 누가 하나님과 같은가?
> 아사랴 - 여호와께서 도우셨다.

바벨론은 이들의 이름마다 들어있는 여호와 하나님을 의식했습니다.
그래서 바벨론이 바꾼 이름은 모두 종교적이었습니다. 다니엘의 이름은

벨드사살로 바꿨는데 그들이 섬기는 신 '벨'이 '생명을 지킨다'라는 뜻이었습니다.

벨드사살(다니엘) – 벨이 생명을 지킨다.
사드락(하나냐) – '달'신의 명령
메삭(미사엘) – 누구냐?
아벳느고(아사랴) – 느고의 종

바벨론은 이 정도면 충분히 다니엘과 하나냐, 미사엘 그리고 아사랴를 개조할 수 있다고 생각한 듯합니다. 하지만 치명적인 착각이었습니다. 비록 남유다가 멸망하고 있었지만, 유대인들의 지혜 교육은 여전한 것임을 몰랐던 것입니다. 우리나라도 그런 경향이 있지만 비록 자신들은 불의하고 부패했을지라도 자신의 자녀들에게만은 바르게 교육하고 훌륭하게 키우고자 한 것은 그 당시 유대인들에게도 마찬가지였습니다.

그래서 다음 세대 특히 우리 아이들에게 희망이 있는 것입니다. 모태 신앙은 아닐지라도 바르게 성숙한 청년들이 결혼하여 경건한 가정을 이루고 아이들을 모태에서부터 신앙을 가르치고 온전히 양육할 것이기 때문입니다.

* **묵상질문**
아이들을 바르게 양육하는 것이 모든 희망의 시작입니다.

뜻을 정하다

* Lexio 읽기 / 다니엘 1:8-16
가능하면 오늘의 본문을 먼저 읽는 것이 좋지만 바로 아래 글을 읽어도 좋습니다. 충분히 본문을 이해하도록 배려하며 글을 썼습니다. 혹시 본문을 읽으신 분은 감동이 오는 말씀이나 단어 혹은 느낌을 간단히 적으시면 좋습니다.

"또 왕은 그들에게 날마다 궁중 요리와 술을 주면서 앞으로 어전
에서 일볼 수 있도록 삼 년 동안 훈련을 받게 하였다."

(공동번역/단1:5)

그들의 이름은 이미 바뀐 상태이고 왕의 음식을 먹으며 그 당시 세계의 중심인 바벨론에서 교육을 받았고 이후에는 왕의 어전에서 일할 수 있는 기회가 주어졌습니다. 하지만 다니엘과 세 친구의 이름을 바꿀 수는 있어도 몸과 영혼을 더럽힐 수는 없었습니다. 더욱이 왕의 음식은 그들의 신에게 바쳐진 음식이기도 했기에 그들은 거절하였습니다. 그렇게 그들의 뜻을 정한 것입니다.

"다니엘은 뜻을 정하여 왕의 음식과 그가 마시는 포도주로 자기
를 더럽히지 아니하리라 하고 자기를 더럽히지 아니하도록 환관
장에게 구하니"(단1:8)

'뜻을 정하다.' 그들의 뜻은 분명했습니다. 몸과 영혼을 더럽히지 않기 위하여 다니엘과 세 친구는 왕의 음식과 포도주 없이 채식과 물만 먹기

로 결정하고 환관장에게 탄원합니다. 그들을 관리하는 환관장은 당황합니다. 이들의 건강이 약해지면 왕에게 목숨을 내어놓아야 하는 상황이었습니다. 하지만 하나님이 역사하셨습니다. 환관장을 움직이신 것입니다.

> "하나님이 다니엘로 하여금 환관장에게 은혜와 긍휼을 얻게 하신
> 지라"(단1:9)

다니엘은 환관장에게 열흘만 시간을 달라고 제안합니다. 열흘 후에 다른 소년들과 얼굴을 비교해서 결정할 것을 부탁한 것입니다. 환관장은 그들의 뜻대로 시험하였습니다. 그런데 놀라운 일이 벌어집니다.

> "열흘 후에 그들의 얼굴이 더욱 아름답고 살이 더욱 윤택하여 왕
> 의 음식을 먹는 다른 소년들보다 더 좋아 보인지라"(단1:15)

더 건강해 보이는 모습에 환관장이 다니엘과 세 친구의 요청대로 "그들에게 지정된 음식과 마실 포도주를 제하고 채식을"(단1:16) 주지 않을 이유가 없었습니다. 그들의 뒤에는 하나님이 계셨습니다. 그것이 비밀이었습니다.

* 묵상질문
하나님의 사람을 살기로 뜻을 정하는 것은 아름답고 위대합니다. 그때 하나님은 그 뜻을 이루시는 역사에 분명히 개입하시기 때문입니다. 분명합니다.

하나님의 사람들에게 벌어지는 일

* Lexio 읽기 / 다니엘 1:16-20

가능하면 오늘의 본문을 먼저 읽는 것이 좋지만 바로 아래 글을 읽어도 좋습니다. 충분히 본문을 이해하도록 배려하며 글을 썼습니다. 혹시 본문을 읽으신 분은 감동이 오는 말씀이나 단어 혹은 느낌을 간단히 적으시면 좋습니다.

> "다니엘은 뜻을 정하여 왕의 음식과 그가 마시는 포도주로 자기
> 를 더럽히지 아니하리라 하고"(단1:8a)

하나님의 사람들에게 필요한 것은 음식이나 세상의 것들이 아니라 뜻입니다. 하나님을 향한 의도입니다. 하나님도 그것을 제일 중요하게 여기십니다. 그래서 하나님이 이스라엘에게 요청한 것이 쉐마(들으라) 명령이었습니다.

> "이스라엘아 들으라 우리 하나님 여호와는 오직 유일한 여호와이
> 시니 너는 마음을 다하고 뜻을 다하고 힘을 다하여 네 하나님 여
> 호와를 사랑하라"(신6:4-5)

다니엘과 세 친구의 행위는 쉐마 명령을 좇아 행하는 분명한 모습이었습니다. 이처럼 다니엘과 세 친구가 뜻을 정하고 행동으로 옮기는 순간 하나님은 역사하셨습니다.

> "하나님이 이 네 소년에게 학문을 주시고 모든 서적을 깨닫게 하

시고 지혜를 주셨으니"(단1:17a)

하나님이 다니엘과 친구들에게 주신 것은 지혜였습니다. 그것은 "학
문과 그 밖의 모든 것을 통달할 수 있는 지혜와 지식"(현대인의성경/단
1:17)이었습니다. 사실 하나님을 의존하는 자들이 하나님을 닮아가는 것
은 당연한 것이기에, 지혜 자체이신 하나님의 지혜로 가득해지는 것은
순리였습니다. 그리고 그중에서도 특별히 다니엘에게 더해진 것이 있었
는데, 그것은 비전 곧 꿈을 보고 해석할 수 있는 능력이었습니다.

"특별히 다니엘에게는 꿈과 환상을 해석할 수 있는 능력도 주셨
다."(현대인의성경/단1:17)

지혜가 판단하는 능력이라면 꿈은 미래를 보는 능력이었습니다. 현재
벌어지고 있는 것의 옳고 그름을 판단하고, 더 나아가 미래가 진행되는
것을 예측할 수 있다는 것은 모든 것을 가졌다는 말이었습니다. 이 같은
현상은 하나님의 사람들에게 빈번하게 일어나는 일입니다. 하나님과 함
께 하는 이들이 무지하거나 무식할 수는 없기 때문입니다. 그런 까닭에
이 아름다운 소년들을 왕은 금방 알아보았습니다. 누구와도 비교할 수
없는 모습이었습니다.

"왕이 그들에게 모든 일을 묻는 중에 그 지혜와 총명이 온 나라
박수와 술객보다 십 배나 나은 줄을 아니라"(단1:20)

* 묵상질문
지혜와 비전은 하나님의 사람들의 것입니다. 아멘.

다니엘의 의미

* Lexio 읽기 / 다니엘 1:21
가능하면 오늘의 본문을 먼저 읽는 것이 좋지만 바로 아래 글을 읽어도 좋습니다. 충분히
본문을 이해하도록 배려하며 글을 썼습니다. 혹시 본문을 읽으신 분은 감동이 오는 말씀이
나 단어 혹은 느낌을 간단히 적으시면 좋습니다.

> "왕이 그들에게 모든 일을 묻는 중에 그 지혜와 총명이 온 나라
> 박수와 술객보다 십 배나 나은 줄을 아니라"(단1:20)

다니엘은 느부갓네살의 총애를 받습니다. 더욱이 느부갓네살의 꿈을
해독한 일 이후에 왕은 다니엘을 "세워 바벨론 온 지방을 다스리게 하며
또 바벨론 모든 지혜자의 어른"(단2:48)으로 삼습니다.

재미있는 것은 1장 마지막 절의 기록입니다. 21절은 다니엘이 고레스
왕 원년까지 있었다고 기록합니다. 고레스 원년은 바벨론의 마지막 왕인
벨사살이 고레스의 공격으로 죽고 바벨론이 멸망하던 B.C. 539년입니다.
다니엘이 포로로 잡혀왔던 B.C. 605년에 15살이었다고 생각하면 당시
다니엘은 83세 정도의 고령인 것입니다.

그때 고레스가 바벨론을 침공하였고 이미 약화되었던 바벨론은 멸망
합니다. 그런데 다니엘서는 다리오가 나라를 얻었다고 기록합니다.

> "그 날 밤에 갈대아 왕 벨사살이 죽임을 당하였고 메대 사람 다리

오가 나라를 얻었는데 그 때에 다리오는 육십이 세였더라"

원래 고레스의 바사(페르시아)는 메대의 속국으로 메대와 결혼 동
맹을 맺어 명맥을 유지하고 있었습니다. 그러다 국력을 키운 고레스가
B.C. 550년 메대를 멸망시켰지만, 메대를 유지한 채 메대-바사 제국이
됩니다. 그렇게 메대-바사 제국의 이름으로 B.C. 539년 바벨론 제국을
멸망시킨 것입니다. 그리고 고레스는 바벨론의 분봉왕으로 자신의 외삼
촌이기도 한 62살의 메대의 다리오를 세운 것입니다. 그 후 고레스가 다
리오의 딸과 결혼하면서 바사(페르시아) 제국의 왕으로 즉위합니다. 그
래서 바벨론이 멸망하던 B.C. 539년을 고레스 원년으로 보는 것입니다.

"다니엘은 고레스 왕 원년까지 있으니라"(단1:21)

그리고 우리가 익히 알듯 "바벨론 왕 고레스 원년에 고레스 왕이 조서
를 내려 하나님의 이 성전을 다시 건축하게"(스5:13)하는 역사가 일어납
니다. 다니엘은 1차 포로부터 성전 건축 조서가 내려질 때까지 살아있었
던 것입니다.

* 묵상질문
바벨론과 바사(페르시아)의 고위직을 맡으며 역사의 중심에 있었던 다니엘을 보며 어떤 생
각이 드십니까?

제 3 부

기도는 스케일을 바꾼다

도무지 알 수 없는 것의 기회

* Lexio 읽기 / 다니엘 2:1-9
가능하면 오늘의 본문을 먼저 읽는 것이 좋지만 바로 아래 글을 읽어도 좋습니다. 충분히 본문을 이해하도록 배려하며 글을 썼습니다. 혹시 본문을 읽으신 분은 감동이 오는 말씀이나 단어 혹은 느낌을 간단히 적으시면 좋습니다.

> "느부갓네살이 다스린 지 이 년이 되는 해에 느부갓네살이 꿈을
> 꾸고 그로 말미암아 마음이 번민하여 잠을 이루지 못한지라"
>
> (단2:1)

느부갓네살은 아버지 나보폴라살 왕 시절부터 함께 전쟁에 참여해서 혁혁한 공고를 세웠는데 특히 왕자의 신분으로 니느웨를 함락시켜 앗수르를 멸망시킵니다(B.C. 612년). 이후 나보폴라살이 죽자 왕위에 오른 느부갓네살은 앗수르 이후의 패권을 노리던 애굽을 갈그미스 전쟁(B.C. 605년)에서 패퇴시키면서 고대 근동의 패권을 잡습니다. 이후 느부갓네살은 두로, 모압, 암몬, 애굽 등을 점령했고 무엇보다 남유다를 멸망시킵니다(B.C. 587년).

이처럼 강력한 왕이었던 느부갓네살이 꿈 때문에 마음이 번민하여 잠을 이루지 못합니다. 그 꿈은 일반적인 꿈과 달랐습니다. 도무지 그 꿈을 가늠할 수 없었던 왕은 온 나라의 모든 마술사, 점성가, 술객 등 소위 지혜자들을 불러 그 꿈의 내용을 맞추고 해석하라고 다그쳤습니다. 왕의 요구 앞에 마술사와 술객들 역시 답답하기는 마찬가지였습니다.

"원하건대 왕은 꿈을 종들에게 이르소서 그리하시면 우리가 해석
하여 드리겠나이다"(단2:7)

왕은 정말로 자신의 꿈이 무엇을 말하는지를 알고 싶었습니다. 물론
자신이 꾼 꿈 내용을 말하면 그들은 적당하게 해석을 했을 것입니다. 그
러나 왕은 그것을 믿을 수 없었습니다. 그래서 자신이 꾼 꿈 자체를 알
아내고 해석할 것을 요청한 것입니다. 하지만 그들은 알아낼 방법이 없
었습니다. 그것 자체로 그들은 스스로 한계를 드러낸 것이었고 왕 역시
그동안 이들이 했던 모든 예언과 해석이 "거짓말과 망령된 말"(단2:9)임
을 깨닫게 됩니다.

답답한 왕, 절대 군주로 승리를 걸어왔으며 앞길이 탄탄했지만 그가
꾼 꿈은 암초와 같았습니다. 그 순간 느부갓네살은 자신이 할 수 있는
일이 없다는 사실을 깨달습니다. 그는 절망할 수밖에 없었습니다. 그러
므로 은혜였습니다. 자신이 할 수 없다는 것을 아는 순간 절대적 존재에
대한 동의가 이뤄지기 때문입니다. 나중 그가 하나님을 인정한 것에서
알 수 있습니다. 그가 알 수 없고 헤아릴 수 없는 것이 암초처럼 보였지
만 사실은 기회였던 것입니다.

* 묵상질문
모든 것이 잘되고 성공하는 것이 모든 것의 답이 아닙니다. 그것으로 온전한 쉼과 평안을
누릴 수는 없습니다.

하나님을 먼저 추구해야 한다

* Lexio 읽기 / 다니엘 2:10-13
가능하면 오늘의 본문을 먼저 읽는 것이 좋지만 바로 아래 글을 읽어도 좋습니다. 충분히 본문을 이해하도록 배려하며 글을 썼습니다. 혹시 본문을 읽으신 분은 감동이 오는 말씀이나 단어 혹은 느낌을 간단히 적으시면 좋습니다.

"내가 명령을 내렸나니 너희가 만일 꿈과 그 해석을 내게 알게 하
지 아니하면 너희 몸을 쪼갤 것이며 너희의 집을 거름더미로 만
들 것이요"(단2:5)

왕의 명령은 지엄했습니다. 하지만 아무리 지엄해도 그들은 알 수 없었습니다. 드디어 갈대아인의 술객들이 진실을 말합니다.

"임금님께서 지금 물으시는 것을 알아낼 사람은 세상에 한 사람
도 없습니다... 인간과 동떨어져 있는 신들밖에는 임금님께 그것
을 말씀드릴 자가 없습니다."(공동번역/단2:10-11)

그들이 믿던 신들이 얼마나 껍데기에 불과한, 인간이 만든 우상이었는지가 여실히 드러나는 순간이었습니다. 나름대로 똑똑한 느부갓네살은 이렇게 가짜임이 드러나자 쓸모없는 마술사, 술객들, 소위 지혜자 모두를 죽이라고 명령합니다. 다니엘을 비롯한 친구들도 예외는 아니었습니다. 그들도 지혜자로 취급받고 있었기 때문입니다.

"왕이 이로 말미암아 진노하고 통분하여 바벨론의 모든 지혜자들
을 다 죽이라 명령하니라 왕의 명령이 내리매 지혜자들은 죽게
되었고 다니엘과 그의 친구들도 죽이려고 찾았더라"(단2:12-13)

하지만 이것이 기회가 되었습니다. 이 엄청난 위기는 진짜와 가짜를
드러나게 하였습니다. 부지깽이 같은 신들과 진짜 신이신 하나님이 확연
하게 구분되는 시간이 된 것입니다.

하나님은 살아계십니다. 그런 까닭에 우리가 우선 추구해야 할 것은
하나님을 아는 것입니다. 우리가 하나님께 이 세상적인 것들, 문제와 고
통 그리고 어려움에서 도와달라고 기도하는 것보다 먼저 하나님을 알고
하나님 만나기를 추구하고 기도해야 하는 이유입니다. 하나님을 알면
알수록 우리는 우리에게 벌어지고 있는 일들의 이유와 그 이면을 알 수
있게 될 것이고 그때 우리는 우리가 당하고 있는 문제의 해답 또한 찾게
될 것이기 때문입니다. 그런데 우리는 하나님을 알기를 힘쓰기보다 세상
적인 것을 구하는 것에 에너지를 다 쏟아붓습니다. 너무 아쉬운 일이 아
닐 수 없습니다.

* 묵상질문
언제나 하나님을 먼저 구하기를 추구하십시오

우리가 놓친 기도의 비밀

* Lexio 읽기 / 다니엘 2:14-23
가능하면 오늘의 본문을 먼저 읽는 것이 좋지만 바로 아래 글을 읽어도 좋습니다. 충분히
본문을 이해하도록 배려하며 글을 썼습니다. 혹시 본문을 읽으신 분은 감동이 오는 말씀이
나 단어 혹은 느낌을 간단히 적으시면 좋습니다.

> "왕이 이로 말미암아 진노하고 통분하여 바벨론의 모든 지혜자들
> 을 다 죽이라 명령하니라 왕의 명령이 내리매 지혜자들은 죽게
> 되었고 다니엘과 그의 친구들도 죽이려고 찾았더라"(단2:12-13)

분명 거짓 예언자들이고 술사들이었지만 느부갓네살의 무자비한 살
육 명령은 정당화될 수 없습니다. 하지만 그 명령은 진행되기 시작했습
니다. 그때 다니엘이 왕의 명령을 집행하는 근위대장 아리옥을 만나 "명
철하고 슬기로운 말로"(단2:14) 대화를 나누며 왕께서 시간을 주시면 자
신이 해석하겠다고 말합니다.

이 놀라운 침착함과 태도에 우리는 주의해야 하는데, 이것은 바로 하
나님과의 깊은 친밀감에서 나오는 명철과 슬기이며 동시에 하나님을 알
기에 생긴 용기이기 때문입니다. 하나님을 신뢰함의 태도였습니다.

그리고 곧바로 다니엘은 그의 세 친구, "하나냐와 미사엘과 아사랴에
게 그 일을 알리고"(단2:17) 기도를 요청하였으며 함께 기도로 나아갑니
다. 기도는 그의 무기였습니다.

"하늘에 계신 하나님이 이 은밀한 일에 대하여 불쌍히 여기사 다
니엘과 친구들이 바벨론의 다른 지혜자들과 함께 죽임을 당하지
않게 하시기를 그들로 하여금 구하게 하니라"(단2:18)

기도를 놓쳐서는 소망이 없습니다. 기도는 우리가 사는 방법인 동시에
다른 이들을 살리는 방법이 됩니다. 다니엘과 친구들의 기도는 단순히
자신들만을 위한 기도가 아니라 바벨론의 다른 지혜자들을 위해서도
드린 기도였습니다. 그 기도에 하나님은 응답하셨고 하늘의 은밀한 비밀
을 환상으로 다니엘에게 보여주셨습니다.

"이에 이 은밀한 것이 밤에 환상으로 다니엘에게 나타나 보이매
다니엘이 하늘에 계신 하나님을 찬송하니라... 우리가 주께 구한
것을 내게 알게 하셨사오니 내가 주께 감사하고 주를 찬양하나
이다"(단2:19,23)

우리가 놓친 기도의 비밀입니다. 하나님과 만나는 기도의 깊이에 이르
도록 추구하기를 노력해야 하는 이유입니다.

* 묵상질문
다니엘과 같은 기도의 경지에 이르도록 기도를 게을리하지 말고 하나님 알기를 힘써야 합
니다. 그것이 이 세상을 사는 방법이어야 합니다.

복음 증거가 되는 순간

* Lexio 읽기 / 다니엘 2:24-30
가능하면 오늘의 본문을 먼저 읽는 것이 좋지만 바로 아래 글을 읽어도 좋습니다. 충분히
본문을 이해하도록 배려하며 글을 썼습니다. 혹시 본문을 읽으신 분은 감동이 오는 말씀이
나 단어 혹은 느낌을 간단히 적으시면 좋습니다.

> "우리가 주께 구한 것을 내게 알게 하셨사오니 내가 주께 감사하
> 고 주를 찬양하나이다 곧 주께서 왕의 그 일을 내게 보이셨나이
> 다"(단2:23)

다니엘은 근위대장 아리옥에게 왕의 꿈을 해석할테니 바벨론 지혜자
들을 죽이지 말 것을 요청하는 동시에 왕에게로 인도하라고 말합니다
(단2:24). 바벨론의 모든 지혜자들이 죽을 위기에서 벗어나게 된 것입니
다. 다니엘이 살린 것입니다.

처음에 왕은 벨드사살이라는 이름의 다니엘을 반신반의(半信半疑) 했
습니다. 하지만 곧 다니엘의 말을 믿을 수밖에 없었습니다. 그것은 다니
엘이 정말로 왕이 본 모든 꿈을 말했기 때문이었습니다. 이것은 쉬운 일
이었습니다. 하나님이 느부갓네살 왕으로 하여금 꿈꾸게 하신 것이었
고, 다니엘은 하나님으로부터 그 꿈을 보고 들었기 때문이었습니다.

> "임금님께서 물으신 것은 어느 재사나 마술사나 술객이나 점쟁이
> 도 밝혀드릴 수 없는 비밀입니다. 하늘에는 어떤 비밀도 밝혀내

실 수 있는 하나님이 계십니다. 그 하나님께서 임금님께 훗날 일
어날 일을 알려주신 것입니다."(공동번역/단2:27-28)

가끔 이 같은 환상을 보고 해석할 때 그것이 자신의 능력이라는 오해
를 합니다. 하지만 다니엘은 조금도 오해하지 않았습니다. 그는 매우 분
명하게 이 모든 것이 하나님으로부터 온 것이고 자신의 지혜가 아니라
는 것을 알고 있었습니다.

"내게 이 은밀한 것을 나타내심은 내 지혜가 모든 사람보다 낫기
때문이 아니라 오직 그 해석을 왕에게 알려서 왕이 마음으로 생
각하던 것을 왕에게 알려 주려 하심이니이다"(단2:30)

이 말은 왕으로 하여금 하나님을 주시하게 했을 것입니다. 바벨론 지
혜자들의 말처럼 하나님이 아니고서는 자신의 꿈을 알 수가 없었기 때
문입니다. 다니엘의 지혜와 해석으로 복음 증거가 되는 순간이었습니다.

* 묵상질문
하나님으로부터 나온 지혜와 지식을 가진 자의 모든 것은 복음 증거의 통로가 됩니다. 잊
지 마십시오.

기도는 스케일을 바꾼다

* Lexio 읽기 / 다니엘 2:27-30
가능하면 오늘의 본문을 먼저 읽는 것이 좋지만 바로 아래 글을 읽어도 좋습니다. 충분히
본문을 이해하도록 배려하며 글을 썼습니다. 혹시 본문을 읽으신 분은 감동이 오는 말씀이
나 단어 혹은 느낌을 간단히 적으시면 좋습니다.

> "왕이여 왕이 침상에서 장래 일을 생각하실 때에 은밀한 것을 나
> 타내시는 이가 장래 일을 왕에게 알게 하셨사오며"(단2:29)

느부갓네살은 바벨론 제국의 왕이 된 지 2년밖에 되지 않은 젊은 왕
이었지만 미래를 생각하는 왕이었습니다. 다니엘의 해석을 통해 알게
된 왕이 꾼 꿈은 세계 역사 속 제국들의 흥망성쇠에 대한 것이었습니다.
하나님은 그 꿈을 다니엘로 하여금 알게 하셨습니다.

오직 기도 때문입니다. 기도할 때 우리의 시각은 넓어지고 확장됩니
다. 하나님이 보여주시기 때문입니다. 하나님께서는 시시콜콜한 일이나
물질의 소유 정도에 국한되어 역사하시는 것이 아니라 더 크고 놀라운
것에 관심을 드러내시기 때문입니다. 하나님의 종들을 통하여 그 일들
을 이루시기 원하기 때문입니다. 그래서 주님은 무엇보다 이 기도를 먼
저 하라고 하신 것입니다.

> "그러므로 염려하여 이르기를 무엇을 먹을까 무엇을 마실까 무엇
> 을 입을까 하지 말라... 그런즉 너희는 먼저 그의 나라와 그의 의

를 구하라 그리하면 이 모든 것을 너희에게 더하시리라"(마6:31,33)

주님께서 요청하신 '하나님 나라와 의를 먼저 구하라'라는 말이 시각과 관심을 하나님에게로 옮기라는 뜻임을 알 수 있습니다. 그렇게 관심이 하나님 나라와 의에 초점 되었을 때 하나님의 계획과 계시를 알아차릴 수 있기 때문입니다. 그때 우리의 스케일은 놀랍게 변화될 것입니다. 하나님이 보여주시기 때문입니다.

"너는 내게 부르짖으라 내가 네게 응답하겠고 네가 알지 못하는
크고 은밀한 일을 네게 보이리라"(렘33:3)

우리가 기도할 때 미래가 보이고, 우리는 하나님의 스케일을 갖는 까닭에 놀라운 용기를 지니게 됩니다. 상황에 휘둘릴 수도 없습니다. 그동안 알지 못하던 것을 알게 되고 앞으로 만나게 될 놀라운 것을 보며 하나님의 지혜와 명철로 풀어갈 능력을 주시기 때문입니다.

* 묵상질문

기도가 모든 것의 답입니다. 하나님과 가까워지지 않은 채 세상 속에 파묻히는 것으로 자신을 방임하지 마십시오.

반드시 무너진다

* Lexio 읽기 / 다니엘 2:31-35
가능하면 오늘의 본문을 먼저 읽는 것이 좋지만 바로 아래 글을 읽어도 좋습니다. 충분히 본문을 이해하도록 배려하며 글을 썼습니다. 혹시 본문을 읽으신 분은 감동이 오는 말씀이나 단어 혹은 느낌을 간단히 적으시면 좋습니다.

"내게 이 은밀한 것을 나타내심은 내 지혜가 모든 사람보다 낫기 때문이 아니라 오직 그 해석을 왕에게 알려서 왕이 마음으로 생각하던 것을 왕에게 알려 주려 하심이니이다"(단2:30)

일반적으로 다니엘서를 묵시문학으로 분류하는 이유는 2장 등에 나오는 미래적 예언 요소들 때문입니다. 어떤 이들은 다니엘서를 구약의 요한계시록이라 평가합니다. 하지만 예언 문학과 지혜문학의 요소도 버무려져 있음을 잊지 말아야 합니다. 그래야 지나치게 종말론적인 관점에서 문자적으로 해석할 위험에서 벗어날 수 있기 때문입니다.

다니엘은 왕 앞에 서서 왕이 본 꿈을 먼저 이야기합니다. 놀라운 일이었습니다.

"왕이여 왕이 한 큰 신상을 보셨나이다 그 신상이 왕의 앞에 섰는데 크고 광채가 매우 찬란하며 그 모양이 심히 두려우니 그 우상의 머리는 순금이요 가슴과 두 팔은 은이요 배와 넓적다리는 놋이요 그 종아리는 쇠요 그 발은 얼마는 쇠요 얼마는 진흙이었나

이다"(단2:31-33)

대체적으로 제롬, 칼빈 등은 첫째 왕국은 바벨론, 둘째 왕국은 메대와 페르시아, 셋째 왕국은 헬라 그리고 넷째 왕국은 로마로 해석합니다. 하지만 이 같은 해석들보다 중요한 것은 "큰 신상"으로 표현되는 "왕국들"이 "손대지 아니한 돌"(단2:34)에 의해 무너진다는 것입니다.

> "또 왕이 보신즉 손대지 아니한 돌이 나와서 신상의 쇠와 진흙의 발을 쳐서 부서뜨리매 그 때에 쇠와 진흙과 놋과 은과 금이 다 부서져 여름 타작 마당의 겨 같이 되어 바람에 불려 간 곳이 없었고"(단2:34-35)

다니엘 메시지 해석의 핵심은 '무너진다'라는 것이었습니다. 황금 같은 화려한 나라든 아니면 진흙 같은 나라든 손대지 않은 돌에 의해서 무너진다는 것이 메시지의 핵심입니다. 네 개의 왕국으로 상징되는 이 세상의 멸망이 손대지 않은 돌, 곧 "모퉁이의 머릿돌"(막12:10) 되신 그리스도 예수에 의해 이뤄짐을 예언한 종말론적 메시지임을 알 수 있습니다.

* 묵상질문
아무리 화려하고 강력하더라도 이 세상 어느 나라, 어느 왕국도 영원하지 않습니다. 그러므로 무엇이 되든지 하나님의 뜻이 이뤄진 지도자가 되어야 합니다.

영원한 제국은 없다

* Lexio 읽기 / 다니엘 2:36-39
가능하면 오늘의 본문을 먼저 읽는 것이 좋지만 바로 아래 글을 읽어도 좋습니다. 충분히
본문을 이해하도록 배려하며 글을 썼습니다. 혹시 본문을 읽으신 분은 감동이 오는 말씀이
나 단어 혹은 느낌을 간단히 적으시면 좋습니다.

> "그 우상의 머리는 순금이요 가슴과 두 팔은 은이요 배와 넓적다
> 리는 놋이요 그 종아리는 쇠요 그 발은 얼마는 쇠요 얼마는 진흙
> 이었나이다"(단2:32-33)

순금 머리는 바벨론, 은으로 된 가슴과 두 팔은 메대와 바사(페르시
아), 놋으로 된 배와 넓적다리는 헬라 그리고 쇠로 된 발은 로마를 가리
킵니다. 그리고 발의 "얼마는 진흙"인데 로마 이후의 세상 나라를 가리
킵니다. 이 같은 해석은 모든 구약학자들이 동의하지는 않아도 가장 보
편적인 해석으로 받아들입니다(목회와 신학 편집부 엮음, 「다니엘 어떻
게 설교할 것인가」, 두란노 아카데미, 64쪽).

여기서 우리가 주의할 것은 순금, 은, 놋, 쇠에 이어 진흙으로 표현된
나라 묘사입니다. 곧 엔트로피의 증가, 시간이 흐를수록 세상 나라들은
더 나빠지고 종말을 향해 간다는 뜻이기 때문입니다. 잊지 말아야 합니
다. 아무리 강력한 제국과 왕이라 할지라도 영원하지 않습니다.

애굽, 앗수르, 바벨론, 페르시아, 헬라, 로마, 징기스칸의 몽골, 러시

아, 히틀러의 독일, 일본. 그뿐만 아니라 현재 강대국 미국과 중국 그리고 EU 심지어 개인 왕국인 북한까지 그 어느 나라도 영원하지 않습니다. 하나님이 보여주신 환상의 핵심입니다. 그러므로 느부갓네살에게 보여준 하나님의 환상은 분명 느부갓네살에게 주신 하나님의 말씀임을 알 수 있습니다. 다니엘이 그 예언을 좇아 느부갓네살 왕과 제국의 역할을 대언합니다.

> "그 꿈이 이러한즉 내가 이제 그 해석을 왕 앞에 아뢰리이다 왕이여 왕은 여러 왕들 중의 왕이시라 하늘의 하나님이 나라와 권세와 능력과 영광을 왕에게 주셨고... 다 다스리게 하셨으니 왕은 곧 그 금 머리니이다"(단2:36-38)

하지만 다니엘은 순금에서 은의 제국으로, 곧 "왕을 뒤이어 왕보다 못한 다른 나라가 일어날 것이요"(단2:39a)라고 말하며 바벨론 역시 멸망할 것과 이후 메대와 바사(페르시아)가 세계 패권 제국이 될 것을 예언합니다.

'이 세상 제국은 영원하지 않다. 모든 권력은 흩어질 것이다.' 하나님이 다니엘을 통해 하신 말씀입니다.

* 묵상질문
이 세상이 영원할 것처럼 여기고 행동하지 마십시오. 언제나 겸비하게 하나님과 역사 앞에 서야 합니다.

하나님 나라가 시작되는 날

* Lexio 읽기 / 다니엘 2:38-45
가능하면 오늘의 본문을 먼저 읽는 것이 좋지만 바로 아래 글을 읽어도 좋습니다. 충분히
본문을 이해하도록 배려하며 글을 썼습니다. 혹시 본문을 읽으신 분은 감동이 오는 말씀이
나 단어 혹은 느낌을 간단히 적으시면 좋습니다.

> "왕은 곧 그 금 머리니이다 왕을 뒤이어 왕보다 못한 다른 나라가
>
> 일어날 것이요"(단2:38b-39a)

순금 머리는 바벨론을 상징하는데 특히 느부갓네살은 43년 동안 강
력한 왕권을 휘둘렀습니다. 그런데 앞에서 설명했듯이 모두 하나님이
허락하신 것이었습니다. 그것을 느부갓네살은 알아야 했습니다. 바벨론
제국은 70년(렘25:11)을 넘기지 못하고 바벨론보다 못한 나라, 은으로 된
가슴과 두 팔로 상징되는 페르시아의 고레스에게 B.C. 539년 멸망당합
니다.

> "셋째로 또 놋 같은 나라가 일어나서 온 세계를 다스릴 것이며"
>
> (단2:39)

페르시아는 B.C. 330년까지 거의 200년 동안 세계를 지배하였지만 이
후 놋으로 된 배와 넓적다리로 상징되는 헬라 제국에 의해 멸망당합니
다. 헬라 제국은 B.C. 333년부터 B.C. 63년까지 270년 동안 세계를 통치
했고, 넷째 나라 로마에 의해서 모든 것이 정리됩니다. 그 일은 쇠 발가

락으로 표현되었습니다.

> "넷째 나라는 강하기가 쇠 같으리니 쇠는 모든 물건을 부서뜨리
> 고 이기는 것이라 쇠가 모든 것을 부수는 것 같이 그 나라가 뭇
> 나라를 부서뜨리고 찧을 것이며"(단2:40)

그러나 로마도 분열되고 이후 여러 나라로 찢어져 종말까지 이어질 것
인데, 쇠와 진흙으로 표현된 발가락들을 말합니다.

> "왕께서 그 발과 발가락이 얼마는 토기장이의 진흙이요 얼마는
> 쇠인 것을 보셨은즉 그 나라가 나누일 것이며... 왕께서 쇠와 진
> 흙이 섞인 것을 보셨은즉 그들이 다른 민족과 서로 섞일 것이나
> 그들이 피차에 합하지 아니함이 쇠와 진흙이 합하지 않음과 같
> 으리이다"(단2:41,43)

하지만 "이 여러 왕들의 시대에 하늘의 하나님이 한 나라를 세우"(단
2:44)시는데, 이는 곧 그리스도 예수가 오심으로 하나님 나라가 시작되
는 것을 말합니다.

> "이 여러 왕들의 시대에 하늘의 하나님이 한 나라를 세우시리니
> 이것은 영원히 망하지도 아니할 것이요... 이 모든 나라를 쳐서
> 멸망시키고 영원히 설 것이라"(단2:44)

* 묵상질문
주님이 오실 때 이미 하나님 나라는 시작되었습니다.

느부갓네살의 한계

* Lexio 읽기 / 다니엘 2:46-49
가능하면 오늘의 본문을 먼저 읽는 것이 좋지만 바로 아래 글을 읽어도 좋습니다. 충분히
본문을 이해하도록 배려하며 글을 썼습니다. 혹시 본문을 읽으신 분은 감동이 오는 말씀이
나 단어 혹은 느낌을 간단히 적으시면 좋습니다.

> "이 여러 왕들의 시대에 하늘의 하나님이 한 나라를 세우시리니
> 이것은 영원히 망하지도 아니할 것이요 그 국권이 다른 백성에
> 게로 돌아가지도 아니할 것이요 도리어 이 모든 나라를 쳐서 멸
> 망시키고 영원히 설 것이라"(단2:44)

수많은 나라가 역사 속에 존재하지만 예수 그리스도가 오심으로 하나
님 나라는 시작되고 결국 완성시키실 것이라는 장래에 대한 예언을 들
으면서 느부갓네살은 만족하였습니다. 다니엘의 말은 왕이 꿈에서 본
것이었고, 그것에 대한 해석이었기 때문입니다.

왕은 매우 놀랐던 것 같습니다. 어쩌면 다른 마술사나 술법사들이 했
던 말, "인간과 동떨어져 있는 신들 밖에는 임금님께 그것을 말씀드릴
자가 없습니다"(공동번역/단2:11)라는 말이 마음에 남았기 때문인지도
모릅니다. 그 말대로라면 다니엘은 신(神)적인 존재이기 때문입니다. 그
래서 그런 것인지 몰라도 왕은 다니엘에게 갑작스러운 태도를 취합니다.

"느부갓네살 왕이 엎드려 다니엘에게 절하고 명하여 예물과 향품

을 그에게 주게 하니라"(단2:46)

다니엘에게 절하고 예물과 향품을 준 것은 항복을 의미했습니다. 여기서 간과하지 말아야 할 것은 이 같은 꿈을 꾸게 하신 하나님의 의도입니다. 그것은 다니엘이 말한 것처럼 "하나님이 장래 일을 왕께 알게" 하고자 한 것입니다. 그러니까 하나님은 고레스를 통하여 일하신 것처럼 느부갓네살을 통하여 일하시기를 원하셨는지도 모릅니다. 일단 왕은 하나님을 인정합니다. 이 놀라운 일을 바라보면서 하나님의 하나님 됨을 고백한 것입니다.

> "너희 하나님은 참으로 모든 신들의 신이시요 모든 왕의 주재시
> 로다 네가 능히 이 은밀한 것을 나타내었으니 네 하나님은 또 은
> 밀한 것을 나타내시는 이시로다"(단2:47)

느부갓네살은 다니엘을 바벨론 온 지방의 통치자로 세우고 지혜자의 어른으로 삼았으며 다니엘의 요구대로 세 친구에게도 바벨론 지방의 일을 다스리게 하였습니다. 하지만 그것이 전부였습니다. 분명 하나님의 살아계심과 참 신이라는 것을 확인하였지만 그것 이상 믿음의 단계로 나아가지 않았습니다. 얼마든지 위대한 왕이 될 수 있었을 텐데 말입니다.

* 묵상질문
왜 느부갓네살은 더 이상 신앙의 단계로 나아가지 못했다고 생각하십니까?

제 4 부

하나님이 개입하시다

가벼운 지식의 끝

* Lexio 읽기 / 다니엘 3:1-7
가능하면 오늘의 본문을 먼저 읽는 것이 좋지만 바로 아래 글을 읽어도 좋습니다. 충분히
본문을 이해하도록 배려하며 글을 썼습니다. 혹시 본문을 읽으신 분은 감동이 오는 말씀이
나 단어 혹은 느낌을 간단히 적으시면 좋습니다.

> "왕이 대답하여 다니엘에게 이르되 너희 하나님은 참으로 모든
> 신들의 신이시요 모든 왕의 주재시로다 네가 능히 이 은밀한 것
> 을 나타내었으니 네 하나님은 또 은밀한 것을 나타내시는 이시
> 로다"(단2:47)

느부갓네살은 하나님을 인정하고 다니엘에게 온 나라를 다스리는 직
책을 주었습니다. 그런데 갑자기 딴 사람으로 변한 느부갓네살을 만납
니다. 스스로 자신을 신으로 삼아 섬기게 한 것인지 아니면 벨의 신상인
지 알 수 없지만 금 신상을 만들어 경배하게 한 것입니다.

> "느부갓네살 왕이 금으로 신상을 만들었으니 높이는 육십 규빗이
> 요 너비는 여섯 규빗이라 그것을 바벨론 지방의 두라 평지에 세
> 웠더라"(단3:1)

재미있는 것은 칠십인역의 기록입니다. 1절의 시작을 '그의 18년에'라
고 쓰고 있습니다. 즉 느부갓네살 18년이란 뜻인데 그 해는 B.C. 587년
으로 남유다를 정복한 때이고 다니엘이 꿈을 해석한 지 16년이 흐른 후

입니다. 그렇다면 금 신상을 만든 것은 남유다를 멸망시킨 후 스스로가 여호와 하나님보다 더 높은 존재임을 과시하기 위한 시도였는지도 모릅니다.

여하튼 느부갓네살은 금 신상을 만든 후 낙성식에 "총독과 수령과 행정관과 모사와 재무관과 재판관과 법률사와 각 지방 모든 관원"(단3:3)들을 참석하도록 하였고, "백성들과 나라들과 각 언어로 말하는 자들"(단3:4)에게도 명령한 것을 볼 때 외국 피정복국가의 사절들도 오게 한 것으로 보입니다. 그리고 모두가 주악에 맞춰 금 신상에게 절하도록 명령을 내립니다. 만일 어길 시에는 맹렬히 타는 풀무불에 던져 넣는 끔찍한 형벌을 준비하고 말입니다.

> "누구든지 엎드려 절하지 아니하는 자는 즉시 맹렬히 타는 풀무
> 불에 던져 넣으리라 하였더라"(단3:6)

거의 신앙을 고백하던 수준의 느부갓네살이 이렇게 변한 이유는 무엇입니까? 아마 '지식의 가벼움' 때문일 것입니다. 하나님을 믿지 않는 자들의 하나님 지식이라는 것은 언제나 자신의 영광과 권력을 만나면 잊혀질 수 있기 때문입니다.

* 묵상질문
권력과 영광은 판단 상실을 가져오게 할 수 있습니다. 권력의 정점에 있는 자들의 타락과 변질을 보면서 깨닫게 되는 것입니다. 그러므로 더욱 깨어 있어야 합니다.

대답할 필요도 없다

* Lexio 읽기 / 다니엘 3:8-17
가능하면 오늘의 본문을 먼저 읽는 것이 좋지만 바로 아래 글을 읽어도 좋습니다. 충분히
본문을 이해하도록 배려하며 글을 썼습니다. 혹시 본문을 읽으신 분은 감동이 오는 말씀이
나 단어 혹은 느낌을 간단히 적으시면 좋습니다.

"누구든지 엎드려 절하지 아니하는 자는 즉시 맹렬히 타는 풀무
불에 던져 넣으리라 하였더라"(단3:6)

이 같은 명령은 하나님을 섬기는 이스라엘 백성들에게 위기가 왔다는
의미였습니다. 이스라엘 백성들이 바벨론에서 왕의 신임을 받아 견고히
자리를 잡자, 시기하는 세력들이 왕의 명령을 빌미 삼아 공격합니다. 우
선 그들은 다니엘보다 상대적으로 좀 쉬워 보이는 이들인 세 친구 사드
락, 메삭 그리고 아벳느고를 문제 삼습니다(단3:12).

위기가 닥친 것입니다. 분노한 왕이 그들을 끌어다가 엄중하게 경고하
였습니다. 지금이라도 절을 하면 괜찮겠지만 거절하면 "맹렬히 타는 풀
무불"에 집어넣겠다고 으름장을 놓습니다. 그리고 이어 던진 왕의 말은
하나님을 인정하지 않는 신성모독 수준이었습니다.

"내가 만든 신상 앞에 엎드려 절하면 좋거니와 너희가 만일 절하지
아니하면 즉시 너희를 맹렬히 타는 풀무불 가운데에 던져 넣을
것이니 능히 너희를 내 손에서 건져낼 신이 누구이겠느냐"(단3:15)

왕의 경고 앞에 세 친구의 반응은 너무나 간단했습니다. 고민의 흔적도 없었습니다.

> "느부갓네살이여 우리가 이 일에 대하여 왕에게 대답할 필요가 없나이다 왕이여 우리가 섬기는 하나님이 계시다면 우리를 맹렬히 타는 풀무불 가운데에서 능히 건져내시겠고 왕의 손에서도 건져내시리이다"(단3:16b~17)

여기서 그들의 대답이 반드시 하나님이 구하실 것을 염두에 두지 않았다는 사실이 더 중요합니다. 그들의 말은 죽어도 좋다는 뜻이었습니다.

바벨론의 고위직 관리로 18년을 지냈다면 세상과 타협할 뿐 아니라 신앙도 적당히 변질될 수 있었을 텐데 세 친구는 오히려 더 견고해져 있었습니다. "대답할 필요가 없나이다"라고 말할 정도로 그들은 온전한 하나님의 사람들, 그렇게 30대가 되어 있었습니다.

* 묵상질문

시간이 지나면 우리 신앙은 반드시 진보를 이뤄야 합니다. 퇴보해서는 안 됩니다. 다니엘의 세 친구처럼 말입니다. 나의 신앙은 어떻습니까? 진보입니까? 퇴보입니까?

그렇게 하지 아니하실지라도

* Lexio 읽기 / 다니엘 3:18-20
가능하면 오늘의 본문을 먼저 읽는 것이 좋지만 바로 아래 글을 읽어도 좋습니다. 충분히
본문을 이해하도록 배려하며 글을 썼습니다. 혹시 본문을 읽으신 분은 감동이 오는 말씀이
나 단어 혹은 느낌을 간단히 적으시면 좋습니다.

"왕이여 우리가 섬기는 하나님이 계시다면 우리를 맹렬히 타는
풀무불 가운데에서 능히 건져내시겠고 왕의 손에서도 건져내시
리이다"(단3:17)

세 친구의 대답은 하나님이 반드시 이 위기와 환난에서 구하실 것이
라는 확신의 표현이 아니었습니다. 그들의 말은 설령 죽게 되더라도 좋
다는 뜻이었습니다.

"그렇게 하지 아니하실지라도 왕이여 우리가 왕의 신들을 섬기지
도 아니하고 왕이 세우신 금 신상에게 절하지도 아니할 줄을 아
옵소서"(단3:18)

"그렇게 하지 아니하실지라도". 사실 우리들이 그동안 배운 신앙 구조
에서 이 같은 고백은 쉽지 않습니다. 하더라도 속으로는 하나님을 압박
합니다. 반드시 자신의 뜻을 관철시키려고 합니다. 나의 뜻이 하나님의
뜻이 되기를 원합니다. 신앙을 이기적 관점에서 정립했기 때문입니다.
이때 자기를 부인하는 것은 불가능합니다.

한국교회가 그동안 가르쳐 온 잘못된 지점입니다. 주님이 가르쳐 주신 제자도의 핵심인 '자기 부정'(눅9:23)은 강조하지 않고 '자기 긍정'을 넘어 '과잉 자기 긍정'을 신앙의 방법으로 가르쳐 온 것입니다. 그런 까닭에 '족하다'라는 고백이 불가능해진 것인지도 모릅니다.

하지만 세 친구는 그렇게 간구하지 않았습니다. 그들의 말은 '지금도 충분하다'라는 뜻이었습니다. 비록 죽음에 이를지라도 하나님이 계시다는 것으로 충분하다는 고백이었습니다. 세 친구가 하나님을 믿는 이유는 하나님이 하나님이시기 때문이었고, 어떤 결과나 이익 때문이 아니었습니다. 상상할 수 없을 만큼 높은 경지에 이른 이들임을 알 수 있습니다.

그 순간 왕은 어떤 것으로도 이들을 강제할 수 없음을 깨닫습니다. 분노에 찬 왕은 평소보다 칠 배나 세게 불을 뜨겁게 했지만 의미가 없었습니다. 그들은 흔들림이 없었습니다. 그리고 그들은 풀무불로 던져졌습니다.

> "군대 중 용사 몇 사람에게 명령하여 사드락과 메삭과 아벳느고
> 를 결박하여 극렬히 타는 풀무불 가운데에 던지라 하니라"(단3:20)

* 묵상질문
하나님으로 충분하다고 고백하는 자들이 이 세상의 리더가 되어야 합니다. 그때 무슨 일이 벌어지겠습니까?

주님이 함께 계셨다

* Lexio 읽기 / 다니엘 3:19–25
가능하면 오늘의 본문을 먼저 읽는 것이 좋지만 바로 아래 글을 읽어도 좋습니다. 충분히 본문을 이해하도록 배려하며 글을 썼습니다. 혹시 본문을 읽으신 분은 감동이 오는 말씀이나 단어 혹은 느낌을 간단히 적으시면 좋습니다.

> "느부갓네살이 분이 가득하여 사드락과 메삭과 아벳느고를 향하
> 여 얼굴빛을 바꾸고 명령하여 이르되 그 풀무불을 뜨겁게 하기
> 를 평소보다 칠 배나 뜨겁게 하라 하고... 결박하여 극렬히 타는
> 풀무불 가운데에 던지라"(단3:19–20)

"분이 가득하여... 얼굴빛을 바꾸고". 18년 동안 신임하여 지방 요직에 놓았던 세 사람을 단숨에 부정한 것입니다. 우리가 살아온 세상의 진실입니다. 아무리 좋은 사이라 할지라도 자신과의 이해관계가 깨지면 한 순간에 원수로 돌변합니다. 그런 점에서 느부갓네살의 태도는 당연한 것입니다. 자신의 통치와 명령을 거부하는 것은 용납할 수 없었기 때문입니다.

풀무불로 던져지는 것은 그 자체로 죽음이었습니다. 더욱이 칠 배나 뜨겁게 한 까닭에 세 친구를 결박하여 처형장으로 끌고 가던 사람이 타 죽을(단3:22) 정도로 풀무불은 강력했습니다.

"이 세 사람 사드락과 메삭과 아벳느고는 결박된 채 맹렬히 타는

풀무불 가운데에 떨어졌더라"(단3:23)

그런데 기막힌 일이 벌어집니다. 왕이 "놀라 급히 일어나서"(단3:24) 물을 만큼 놀라운 장면이었습니다. 분명히 풀무불에 던진 사람은 셋인데 다시 보니 넷이었습니다. 왕이 놀란 것은 단순히 그들이 타죽지 않아서가 아니라 또 한 사람의 등장 때문이었습니다. 왕은 그 사람을 "신들의 아들"이라고 말합니다.

> "왕이 또 말하여 이르되 내가 보니 결박되지 아니한 네 사람이 불 가운데로 다니는데 상하지도 아니하였고 그 넷째의 모양은 신들의 아들과 같도다 하고"(단3:25)

아람어로 신(神)을 뜻하는 '에라'의 복수형인 '바르 엘라힌'은 "신들의 아들"로, 예수를 알지 못하는 느부갓네살은 이렇게 표현했지만 예수를 아는 우리는 "신들의 아들"이 예수 그리스도임을 알 수 있습니다. 곧 하나님의 임마누엘 사건이었습니다. 이사야 선지자의 고백처럼 말입니다.

> "내가 너와 함께 할 것이라… 네가 불 가운데로 지날 때에 타지도 아니할 것이요 불꽃이 너를 사르지도 못하리니"(사43:2)

* **묵상질문**
우리 주님께서 언제나 우리와 함께 계시다는 사실을 잊지 마셔야 합니다. 그러므로 매일 주님을 추구하셔야 합니다.

나의 하나님이시며 나의 아버지이시다

* Lexio 읽기 / 다니엘 3:26-30

가능하면 오늘의 본문을 먼저 읽는 것이 좋지만 바로 아래 글을 읽어도 좋습니다. 충분히 본문을 이해하도록 배려하며 글을 썼습니다. 혹시 본문을 읽으신 분은 감동이 오는 말씀이나 단어 혹은 느낌을 간단히 적으시면 좋습니다.

> "내가 보니 결박되지 아니한 네 사람이 불 가운데로 다니는데 상
> 하지도 아니하였고 그 넷째의 모양은 신들의 아들과 같도다"
> (단3:25)

그 순간 느부갓네살은 그동안 잊었던 하나님을 생각한 것으로 보입니다. 그는 가만히 있을 수 없었습니다. 풀무불 어귀 가까이 가서 소리쳐 "가장 높으신 하나님의 종"이라고 호칭하며 그들을 부릅니다.

> "느부갓네살 왕이 활활 타는 화덕 어귀로 가까이 가서 소리쳐 말
> 하였다. '가장 높으신 하나님의 종 사드락과 메삭과 아벳느고는
> 이리로 나오너라!'"(새번역/단3:26)

주님과 함께 있었던 그들에게는 당연한 일이었겠지만 "머리털도 그을리지 아니하였고 겉옷 빛도 변하지 아니하였고 불 탄 냄새도 없었"(단 3:27)습니다. 예수께서도 이와 같은 일이 벌어질 것을 말씀하셨습니다.

> "또 너희가 내 이름으로 말미암아 모든 사람에게 미움을 받을 것

이나 너희 머리털 하나도 상하지 아니하리라"(눅21:17-18)

느부갓네살이 하나님을 찬송하는 것은 당연했습니다. 하나님은 그에게 생소한 분이 아니었기 때문입니다.

"사드락과 메삭과 아벳느고의 하나님을 찬송할지로다 그가 그의 천사를 보내사 자기를 의뢰하고 그들의 몸을 바쳐 왕의 명령을 거역하고 그 하나님 밖에는 다른 신을 섬기지 아니하며 그에게 절하지 아니한 종들을 구원하셨도다"(단3:28)

하나님을 다시 인식하게 된 왕이 할 수 있는 것은 하나님을 인정하는 신앙 고백이었습니다. 더불어 하나님을 향하여 망령되게 행동하지 말 것을 조서로 내립니다. 그 형벌 역시 강력했습니다.

"내가 이제 조서를 내리노니 각 백성과 각 나라와 각 언어를 말하는 자가 모두 사드락과 메삭과 아벳느고의 하나님께 경솔히 말하거든 그 몸을 쪼개고 그 집을 거름터로 삼을지니 이는 이같이 사람을 구원할 다른 신이 없음이니라 하더라"(단3:29)

＊ 묵상질문
고백해 보십시오. '하나님 같은 분은 천하에 없으시다. 그리고 이분은 나의 하나님이시며 나의 아버지이시다.'

느부갓네살이 조서를 내린 이유

* Lexio 읽기 / 다니엘 4:1-9
가능하면 오늘의 본문을 먼저 읽는 것이 좋지만 바로 아래 글을 읽어도 좋습니다. 충분히
본문을 이해하도록 배려하며 글을 썼습니다. 혹시 본문을 읽으신 분은 감동이 오는 말씀이
나 단어 혹은 느낌을 간단히 적으시면 좋습니다.

> "너희 하나님은 참으로 모든 신들의 신이시요 모든 왕의 주재시
> 로다 네가 능히 이 은밀한 것을 나타내었으니 네 하나님은 또 은
> 밀한 것을 나타내시는 이시로다"(단2:47)

느부갓네살이 꿨던 꿈을 알고 해석한 다니엘에게 느부갓네살은 "엎드
려 다니엘에게 절하고"(단2:46) 하나님을 인정하며 고백했었습니다. 그때
그가 고백한 하나님은 "너희 하나님"이었습니다.

그러나 4장에서 느부갓네살은 전혀 다른 고백을 합니다. 4장의 마지
막 절인 37절을 읽으면 알 수 있습니다.

> "지금 나 느부갓네살은 하늘의 왕을 찬양하며 칭송하며 경배하노
> 니 그의 일이 다 진실하고 그의 행하심이 의로우시므로 교만하
> 게 행하는 자를 그가 능히 낮추심이라"(단4:37)

그뿐만 아니라 느부갓네살은 그가 통치하는 모든 나라의 백성들에게
조서를 내립니다. 그 내용이 기막힙니다.

"가장 높으신 하나님이 나에게 보이신 표적과 기적을 백성에게
기꺼이 알리고자 한다."(새번역/단4:2)

느부갓네살은 자신이 통치하는 모든 나라의 백성들에게 하나님 믿을
것을 조서로 권한 것입니다. 상상할 수 없는 일입니다. 어떻게 해서 이런
일이 벌어진 것입니까? 그 놀라운 비밀에 대한 기록이 4장 전체의 내용
인데, 첫 번째 다니엘이 꿈을 해석했던 것처럼 이번에도 꿈과 관련이 있습
니다. 얼핏 보면 2장의 꿈 사건과 같아 보이지만 정확하게 다릅니다. 2장
에서는 무슨 꿈인지 말하지 않았지만, 이번에는 느부갓네살이 꿈을 말하
고 해석하라고 했기 때문입니다.

"그 때에 박수와 술객과 갈대아 술사와 점쟁이가 들어왔으므로
내가 그 꿈을 그들에게 말하였으나 그들이 그 해석을 내게 알려
주지 못하였느니라"(단4:7)

여전히 바벨론의 술사들은 그 꿈을 해석하지 못합니다. 그리고 느부
갓네살은 다니엘에게도 그 꿈이 무엇인지 알아내고 해석하라고 말합니
다. 그런데 다니엘의 해석을 듣고 이어진 사건을 지나고 난 후 왕이 조
서를 내린 것입니다.

* 묵상질문
다니엘의 해석은 그것 자체로 하나님의 계획과 뜻이었습니다. 이미 하나님의 마음을 아는
지혜였습니다. 이런 사람을 누가 무시할 수 있겠습니까?

하나님이 그 꿈을 꾸게 하신 이유

* Lexio 읽기 / 다니엘 4:10-27
가능하면 오늘의 본문을 먼저 읽는 것이 좋지만 바로 아래 글을 읽어도 좋습니다. 충분히 본문을 이해하도록 배려하며 글을 썼습니다. 혹시 본문을 읽으신 분은 감동이 오는 말씀이나 단어 혹은 느낌을 간단히 적으시면 좋습니다.

"박수장 벨드사살아 네 안에는 거룩한 신들의 영이 있은즉 어떤
은밀한 것이라도 네게는 어려울 것이 없는 줄을 내가 아노니 내
꿈에 본 환상의 해석을 내게 말하라"(단4:9)

느부갓네살 왕이 꾼 꿈을 요약하면 이런 내용입니다. "땅의 중앙에
한 나무"가 하늘에 닿을 만큼 높았는데, 한 순찰자가 그루터기만 남겨
두고 나무를 찍어 없애버리라는 소리를 외칩니다. 그 후 짐승의 마음을
받아 일곱 때를 지나는 그런 꿈이었습니다(단4:10-16).

다니엘은 그 꿈이 바로 왕을 두고 한 말인 것을 금방 압니다. 그런 까
닭에 다니엘은 "마음으로 번민"(단4:19)합니다. 그는 진심으로 왕을 생각
하고 있었던 것입니다. 비록 세계를 정복한 제국의 대왕이지만 다니엘의
눈에는 하나님의 통치 아래 있는 존재로 보였기 때문입니다.

"왕이 그에게 말하였다. '벨드사살아, 이 꿈과 그 해몽이 어떠하
든지 번민하지 말아라.' 벨드사살이 아뢰었다. '임금님, 이 꿈은
임금님의 원수들이 꾸었더라면 좋았을 뻔 했습니다. 해몽도 임

금님의 원수들에게나 해줄 수 있으면 좋겠습니다."(새번역/단4:19)

다니엘은 왕의 꿈을 다시 하나씩 말하며 설명하기 시작했습니다. 우선 왕이 보았던 "땅의 중앙에 한 나무"(단4:10)인 환상의 나무는 왕을 가리키는 것이라고 말합니다.

> "왕이여 이 나무는 곧 왕이시라 이는 왕이 자라서 견고하여지고
> 창대하사 하늘에 닿으시며 권세는 땅 끝까지 미치심이니이다"
> (단4:22)

그리고 그 꿈의 의미는 커질 대로 커진 느부갓네살을 하나님께서 심판하시겠다는 뜻이었습니다. 하늘까지 높이 닿은(단4:11) 나무로 상징된 느부갓네살의 교만을 말하는 것이었습니다. 이 사실을 깨달은 다니엘이 왕에게 한 권면은 높은 데서 내려오라는 것이었습니다.

> "그런즉 왕이여 내가 아뢰는 것을 받으시고 공의를 행함으로 죄
> 를 사하고 가난한 자를 긍휼히 여김으로 죄악을 사하소서 그리
> 하시면 왕의 평안함이 혹시 장구하리이다 하니라"(단4:27)

* 묵상질문
비록 적국의 왕이었지만 다니엘은 진심으로 그가 바로 서기를 권면합니다. 하나님이 왕으로 그 꿈을 꾸게 한 이유라고 생각했기 때문일 것입니다. 어떤 생각이 드십니까?

_____

_____

하나님이 개입하시다

* Lexio 읽기 / 다니엘 4:24-33

가능하면 오늘의 본문을 먼저 읽는 것이 좋지만 바로 아래 글을 읽어도 좋습니다. 충분히 본문을 이해하도록 배려하며 글을 썼습니다. 혹시 본문을 읽으신 분은 감동이 오는 말씀이나 단어 혹은 느낌을 간단히 적으시면 좋습니다.

"내가 침상에서 머리 속으로 받은 환상 가운데에 또 본즉 한 순찰자, 한 거룩한 자가 하늘에서 내려왔는데 그가 소리 질러 이처럼 이르기를 그 나무를 베고 그 가지를 자르고 그 잎사귀를 떨고 그 열매를 헤치고 짐승들을 그 아래에서 떠나게 하고 새들을 그 가지에서 쫓아내라"(단4:13-14)

느부갓네살에게 그런 꿈을 꾸게 하신 분은 하나님이셨습니다. 그렇다면 왜 하나님은 그런 일을 하신 것입니까? 우리가 앞에서 살폈듯이 느부갓네살은 하나님을 인정하는 왕이었습니다. 처음 꿈을 해석했을 때 왕의 고백입니다.

"너희 하나님은 참으로 모든 신들의 신이시요 모든 왕의 주재시로다"(단2:47)

그 후 완악하게 금 신상을 만들고 사드락과 메삭과 아벳느고를 풀무불에 집어넣은 사건이 있었고, 그와 같은 기막힌 경험을 한 후에는 이렇게 고백했었습니다.

"내가 이제 조서를 내리노니 각 백성과 각 나라와 각 언어를 말하는 자가 모두 사드락과 메삭과 아벳느고의 하나님께 경솔히 말하거든 그 몸을 쪼개고 그 집을 거름터로 삼을지니 이는 이같이 사람을 구원할 다른 신이 없음이니라"(단3:29)

이러한 것을 살펴볼 때 느부갓네살은 우리가 알고 있는 이스라엘 왕은 물론이고 남유다의 왕보다 훨씬 더 하나님을 인정하는 왕이었습니다. 하지만 시간이 흐르면서 느부갓네살 역시 희미해졌던 것입니다. 이와 같은 이유를 살피기 위해 지금 상황의 시기가 언제인지 알 필요가 있습니다.

그 시기를 짐작할 수 있는 구절이 있는데 "나 느부갓네살이 내 집에 편히 있으며 내 궁에서 평강할 때에"(단4:4)라는 기록과 "내가 바벨론 왕궁 지붕에서 거닐새"(단4:29)라는 기록입니다. 이 기록은 느부갓네살이 B.C. 567년 3차 애굽 정벌을 끝으로 세계를 정복한 후 바벨론 도성을 두 겹의 단단한 성으로 만들고, 부인 아미티스를 위해 세계 7대 불가사의로 알려지는 공중정원을 만드는 등 완전한 안정과 평화를 누리고 있을 때입니다. 바로 그때였습니다. 그 사이에 느부갓네살은 하나님과 아무 상관 없는 왕이 되어 있었습니다. 그때 하나님이 개입하신 것입니다.

* 묵상질문
하나님은 열국을 섭리하시고 이끄시는 분임을 잊지 않는다면 이 놀라운 하나님의 개입이 이해될 것입니다.

열방을 위해서도 기도해야 하는 이유

* Lexio 읽기 / 다니엘 4:27-37
가능하면 오늘의 본문을 먼저 읽는 것이 좋지만 바로 아래 글을 읽어도 좋습니다. 충분히
본문을 이해하도록 배려하며 글을 썼습니다. 혹시 본문을 읽으신 분은 감동이 오는 말씀이
나 단어 혹은 느낌을 간단히 적으시면 좋습니다.

> "왕이 사람에게서 쫓겨나서 들짐승과 함께 살며 소처럼 풀을 먹
> 으며 하늘 이슬에 젖을 것이요 이와 같이 일곱 때를 지낼 것이라
> 그 때에 지극히 높으신 이가 사람의 나라를 다스리시며 자기의
> 뜻대로 그것을 누구에게든지 주시는 줄을 아시리이다"(단4:25)

느부갓네살은 다니엘이 하는 권면을 좇아 '공의를 행하고 가난한 자
들을 긍휼히 여김으로 죄를 속죄하는'(단4:27) 삶을 살아야 했습니다.
하지만 그 권면을 따르지 않은 것으로 보입니다. 그는 "바벨론 왕궁 지
붕"(단4:29), 아마 그가 만든 '공중정원'을 거닐면서 자기가 성취한 것들
을 보며 즐기고 있을 뿐이었습니다.

> "이 큰 바벨론은 내가 능력과 권세로 건설하여 나의 도성으로 삼
> 고 이것으로 내 위엄의 영광을 나타낸 것이 아니냐"(단4:30)

그때 왕에게 임한 것은 그에게 보여준 꿈과 다니엘이 해석한 대로 소
처럼 변하는 이상한 병에 걸리는 것이었습니다. 현대 의학에서는 '라이
캔트러피'(Lycanthropy)라고 불리는 일종의 정신질환이었습니다. 자신이

짐승으로 변했다고 여기는 질환입니다.

하나님이 이러한 질환을 주신 것은 한 가지 이유 때문이었습니다. 사실 느부갓네살이 강력한 왕권을 가진 것은 하나님의 계획이었습니다. 그런데 왕이 스스로 자신의 능력이라고 생각한 것을 하나님은 그대로 내버려두지 않으신 것입니다. 드디어 왕은 그 비참한 고통을 겪으면서 깨닫습니다. 하나님만이 왕이시고, 자신이 왕이 된 것은 하나님의 은혜였음을 깨닫습니다. 그리고 그 마음으로 '하늘을 우러러 보는 순간' 원래로 돌아갑니다.

> "그 기한이 차매 나 느부갓네살이 하늘을 우러러 보았더니 내 총
> 명이 다시 내게로 돌아온지라"(단4:34)

이후 다시 느부갓네살은 회복되어 왕권을 되찾습니다. 이후 이미 살핀 것처럼 조서를 내렸고 다음과 같이 고백합니다.

> "나 느부갓네살은 하늘의 왕을 찬양하며 칭송하며 경배하노니 그
> 의 일이 다 진실하고 그의 행하심이 의로우시므로 교만하게 행
> 하는 자를 그가 능히 낮추심이라"(단4:37)

* 묵상질문

하나님의 계획과 섭리와 모든 역사와 나라 위에 있습니다. 우리가 열방을 위해서도 기도해야 하는 이유입니다.

제 5 부

다니엘과 같은 사람이 있어야

바벨론과 페르시아 왕의 연대기

* Lexio 읽기 / 다니엘 5:30-31
가능하면 오늘의 본문을 먼저 읽는 것이 좋지만 바로 아래 글을 읽어도 좋습니다. 충분히 본문을 이해하도록 배려하며 글을 썼습니다. 혹시 본문을 읽으신 분은 감동이 오는 말씀이나 단어 혹은 느낌을 간단히 적으시면 좋습니다.

> "지금 나 느부갓네살은 하늘의 왕을 찬양하며 칭송하며 경배하노
> 니 그의 일이 다 진실하고 그의 행하심이 의로우시므로 교만하
> 게 행하는 자를 그가 능히 낮추심이라"(단4:37)

느부갓네살 왕은 하나님을 믿는 왕으로 생애를 마친 것으로 보입니다. 이어지는 5장에서 벨사살 왕이 등장하고 또 느부갓네살을 "그의 부친"(단5:2)이라고 표현하기 때문에 느부갓네살의 아들로 착각할 수 있습니다. 여기서 잠깐 바벨론과 페르시아의 연대기를 살피고 가겠습니다.

느부갓네살(B.C. 605-562년)이 죽고 난 후 아들 아벨 마르둑(왕하 25:27/에윌므로닥)이 왕이 되지만 불과 2년 만에 살해되고(B.C. 562-560년) 매부 네르갈사레셀(B.C. 560-556년)이 왕이 됩니다. 이어 아들 라바시마르둑(B.C. 556년)이 왕이 되지만 느부갓네살의 사위 나보니두스에게 암살당합니다. 다시 느부갓네살 왕을 잇는 가문의 왕으로 나보니두스(B.C. 556-539년)가 등장한 것입니다. 실제로 바벨론의 마지막 왕입니다. 그렇다면 오늘 본문의 왕으로 벨사살이 등장하는 것이 이상할 수 있습니다. 하지만 벨사살(B.C. ?-539년)은 나보니두스의 아들로서 아버

지가 자주 왕궁을 비운 까닭에 섭정으로 바벨론을 통치하고 있었습니다. 그러니까 바벨론에는 벨사살이 있었던 것입니다. 이와 같은 족보 때문에 벨사살이 느부갓네살을 부친이라고 기록하고 있는 것은 보통 가장 강력한 조상의 이름을 좇아 아들이라고 칭하는 고대의 관습 때문에 명칭 한 것으로 보면 됩니다.

그 즈음에 신흥 강국은 페르시아였고 왕은 고레스(B.C. 559-530년)였습니다. 원래 바사(페르시아)는 메대의 속국이었지만 결혼 동맹으로 명맥을 유지하고 있다가 국력을 키운 고레스가 B.C. 550년 메대를 멸망시킵니다. 하지만 고레스는 메대-바사 제국을 유지하다가 메대-바사 제국의 이름으로 B.C. 539년 바벨론 제국을 멸망시킨 것입니다. 그리고 고레스는 바벨론의 왕으로 외삼촌인 62살의 다리오를 세웁니다. 성경이 다음과 같이 기록한 이유입니다.

> "그 날 밤에 갈대아 왕 벨사살이 죽임을 당하였고 메대 사람 다리
> 오가 나라를 얻었는데 그 때에 다리오는 육십이 세였더라"
> (단5:30-31)

그 후 고레스가 다리오의 딸과 결혼하면서 바사(페르시아) 제국의 왕으로 즉위합니다.

---

* 묵상질문
느부갓네살과 벨사살의 관계와 다리오와 고레스의 관계가 정확하게 이해되십니까?

돌아설 수 있는 영성이 없었다

* Lexio 읽기 / 다니엘 5:1-9
가능하면 오늘의 본문을 먼저 읽는 것이 좋지만 바로 아래 글을 읽어도 좋습니다. 충분히
본문을 이해하도록 배려하며 글을 썼습니다. 혹시 본문을 읽으신 분은 감동이 오는 말씀이
나 단어 혹은 느낌을 간단히 적으면 좋습니다.

> "벨사살 왕이 그의 귀족 천 명을 위하여 큰 잔치를 베풀고 그 천
> 명 앞에서 술을 마시니라"(단5:1)

아버지 나보니두스를 대신하여 섭정하던 벨사살은 고레스의 페르시
아가 강력하게 발흥하고 있었고 아버지 나보니두스가 고레스에게 패했
다는 것을 알았지만 애써 그 사실을 무시하려 했던 것으로 보입니다. 그
는 느부갓네살이 철벽같이 지은 바벨론 성을 과신했습니다. 어쩌면 두
려웠을지도 모르는 벨사살은 "느부갓네살이 예루살렘 성전에서 탈취하
여 온 금, 은 그릇"(단5:2)을 가져다가 술을 마심으로 자신이 믿는 신을
신뢰한다는 교만함을 드러냅니다.

> "이에 예루살렘 하나님의 전 성소 중에서 탈취하여 온 금 그릇을
> 가져오매 왕이 그 귀족들과 왕후들과 후궁들과 더불어 그것으로
> 마시더라"(단5:3)

이러한 행위는 자신이 믿고 있는 신이 바벨론을 지킬 것이라는 과시
행위였습니다. 하나님의 전에서 사용하던 그릇들을 술을 마시는데 사용

함으로 과하게 믿음을 표현한 것입니다.

> "그들이 술을 마시고는 그 금, 은, 구리, 쇠, 나무, 돌로 만든 신들
> 을 찬양하니라"(단5:4)

이것은 현저한 하나님 모독 행위였습니다. 왜냐하면 앞에서 살핀 것
처럼 성전의 그릇들은 하나님 임재의 상징들이었습니다. 그래서 성경은
그 그릇들이 바벨론으로 옮겨지는 것을 하나님이 포로로 잡혀간다는
의미로 기록하는 것을 살폈었습니다.

> "주께서 유다 왕 여호야김과 하나님의 전 그릇 얼마를 그의 손에
> 넘기시매"(단1:2a)

이러한 의도적인 범죄 앞에 하나님은 왕궁 벽에 사람의 손가락들이
나타나서 글을 쓰는 것으로 말씀하셨습니다. 물론 그것의 해석을 들은
후에 반응할 수 있는 것이었겠지만, 이미 벨사살은 그 징조가 무엇을 의
미하는지를 알았습니다. 그래서 그는 번민하며 두려움에 사로잡힙니다.
하지만 그가 돌아선 것은 아니었습니다. 돌아서게 할만한 영성이 없었
습니다. 아니, 그럴 마음이 없었습니다.

* 묵상질문

하나님이 징조를 보이실 때, 그 징조의 의미를 알고 돌이키는 것은 놀라운 영성이 아닙니
까?

하나님을 알고 그 신비를 깨닫는다면

* Lexio 읽기 / 다니엘 5:10-17

가능하면 오늘의 본문을 먼저 읽는 것이 좋지만 바로 아래 글을 읽어도 좋습니다. 충분히 본문을 이해하도록 배려하며 글을 썼습니다. 혹시 본문을 읽으신 분은 감동이 오는 말씀이나 단어 혹은 느낌을 간단히 적으시면 좋습니다.

> "이에 왕의 즐기던 얼굴 빛이 변하고 그 생각이 번민하여 넓적다리 마디가 녹는 듯하고 그의 무릎이 서로 부딪친지라"(단5:6)

벨사살은 두려웠습니다. 지금 벌어지고 있는 나라의 상황 특히 고레스의 페르시아가 쳐들오는 상황이 어떻게 진행될 것인지를 보여주는 징조였음을 알았기 때문입니다. 하지만 결말을 안 듯 두려웠습니다.

벨사살은 급히 나라의 모든 마술사와 술법사들을 불러 벽에 쓰인 글자가 무슨 뜻인지를 풀도록 하였지만 어느 누구도 풀지 못합니다. 그것이 벨사살을 더 번민하게 하는 요인이었습니다. 그때 "왕비가 고관들이 웅성거리는 소리를 듣고"(공동번역/단5:10) 그곳으로 들어옵니다. 이미 그 연회장에 "왕과 귀족들과 왕후들과 후궁들"(단5:2)이 있는 것으로 볼 때 이 왕비는 아버지 나보니두스의 아내로 보입니다. 그녀가 느부갓네살 시절에 활동했던 다니엘을 언급하며 걱정하지 말라고 말하며 그를 부르라고 말합니다.

"왕의 나라에 거룩한 신들의 영이 있는 사람이 있으니 곧 왕의 부친 때에 있던 자로서 명철과 총명과 지혜가 신들의 지혜와 같은 자니이다 왕의 부친 느부갓네살 왕이 그를 세워 박수와 술객과 갈대아 술사와 점쟁이의 어른을 삼으셨으니… 이제 다니엘을 부르소서"(단5:11-12)

다시 다니엘이 역사의 전면에 나서는 순간이었습니다. 그때 다니엘의 나이는 83세 정도 되는 고령이었습니다. 그렇게 왕의 부름을 받은 다니엘이 왕 앞에 섰을 때였습니다. 왕은 이 현상의 뜻을 풀면 "나라의 셋째 통치자"로 삼겠다는 부상도 내걸었습니다.

"이제 네가 이 글을 읽고 그 해석을 내게 알려 주면 네게 자주색 옷을 입히고 금 사슬을 네 목에 걸어 주어 너를 나라의 셋째 통치자로 삼으리라"(단5:16)

하지만 다니엘은 왕의 부상에는 조금도 관심이 없었습니다. 그런 것들은 "왕이 친히 가지시며 왕의 상급은 다른 사람에게 주옵소서"(단5:17)라고 말합니다. 이미 다니엘의 관심은 이 세상적이지 않았습니다. 하나님의 비밀을 아는 자의 여유와 권세였습니다.

* 묵상질문
하나님을 알고 그 신비를 깨닫는다면 우리도 이런 태도로 살 수 있을 것입니다. 그렇지 않습니까?

다니엘 같은 사람이 있어야

* Lexio 읽기 / 다니엘 5:18-24
가능하면 오늘의 본문을 먼저 읽는 것이 좋지만 바로 아래 글을 읽어도 좋습니다. 충분히
본문을 이해하도록 배려하며 글을 썼습니다. 혹시 본문을 읽으신 분은 감동이 오는 말씀이
나 단어 혹은 느낌을 간단히 적으시면 좋습니다.

> "왕의 예물은 왕이 친히 가지시며 왕의 상급은 다른 사람에게 주
> 옵소서 그럴지라도 내가 왕을 위하여 이 글을 읽으며 그 해석을
> 아뢰리이다"(단5:17)

다니엘은 벨사살의 해석 요청에 어떤 대가도 원하지 않았습니다. 그
순간 다니엘은 벨사살에게 무엇이든 말할 수 있었습니다. 그때 그는 벽
에 쓰인 글자에 대한 해석보다 다른 것, 곧 느부갓네살 왕에게 벌어졌던
일을 18절에서 21절까지 설명합니다. 그런데 그 시작을 여는 말이 기막
힙니다.

> "왕이여 지극히 높으신 하나님이 왕의 부친 느부갓네살에게 나라
> 와 큰 권세와 영광과 위엄을 주셨고 그에게 큰 권세를 주셨으므
> 로 백성들과 나라들과 언어가 다른 모든 사람들이 그의 앞에서
> 떨며 두려워하였으며"(단5:18-19)

느부갓네살 왕이 마음이 높아져 교만하게 행하자 하나님께서 느부갓
네살 왕의 교만함을 치심으로 벌어졌던 일 그리고 나중에 느부갓네살

이 하나님을 인정하게 된 것까지 설명합니다. 드디어 다니엘은 느부갓네살이 깨달은 바를 이렇게 정리합니다.

> "그의(느부갓네살)... 지극히 높으신 하나님이 사람 나라를 다스리시며 자기의 뜻대로 누구든지 그 자리에 세우시는 줄을 알기에 이르렀나이다"(단5:21)

이러한 설명은 벨사살를 향한 다니엘의 배려였습니다. 이어 다니엘은 어떻게 왕의 아들로서 이 일을 다 알면서도 하나님께 영광을 돌리는 삶이 아니라 오히려 하나님을 모독하는 행동을 책망합니다. 드디어 다니엘이 이 현상을 하나님께서 허락하신 이유를 말합니다. 벨사살이 돌아올 수 있게 주신 하나님의 기회였습니다.

> "도리어 왕의 호흡을 주장하시고 왕의 모든 길을 작정하시는 하나님께는 영광을 돌리지 아니한지라 이러므로 그의 앞에서 이 손가락이 나와서 이 글을 기록하였나이다"(단5:23-24)

다니엘, 이 엄청난 담대함과 자유함은 이 세상에 묶이지 않은 초월함 때문입니다. 그 순간 벨사살에게 살 기회가 열린 것입니다. 순전히 다니엘 때문입니다.

---

* 묵상질문

다니엘 같은 사람이 있어야 세상과 사람을 살릴 수 있습니다. 정확하게 문제를 말하고 해결책을 말하기 때문입니다.

_____

_____

지금이 가장 급한 시간

* Lexio 읽기 / 다니엘 5:25-31
가능하면 오늘의 본문을 먼저 읽는 것이 좋지만 바로 아래 글을 읽어도 좋습니다. 충분히
본문을 이해하도록 배려하며 글을 썼습니다. 혹시 본문을 읽으신 분은 감동이 오는 말씀이
나 단어 혹은 느낌을 간단히 적으시면 좋습니다.

> "그의(느부갓네살)… 지극히 높으신 하나님이 사람 나라를 다스리
> 시며 자기의 뜻대로 누구든지 그 자리에 세우시는 줄을 알기에
> 이르렀나이다"(단5:21)

다니엘은 느부갓네살의 깨달음을 말하는 것과 함께 벨사살의 교만을
지적하고 그가 한 행동이 "자신을 하늘의 주재보다 높이"(단5:23)는 것
이라고 매우 직설적으로 경고합니다. 그것은 벨사살에게 돌아올 수 있
는 기회를 주는 것이었습니다. 심판이 오기 전에 돌아설 수 있는 은혜였
습니다. 하지만 벨사살은 다니엘의 경고를 받아들일 의사가 없었습니다.
그것은 비극이었습니다.

드디어 다니엘이 벽에 쓰인 글자의 의미를 설명하였는데, 그것은 두말
할 것도 없이 벨사살과 바벨론에 대한 심판의 예언이었습니다. 안 들어
도 되는 것이었습니다.

> "메네 메네 데겔 우바르신이라"(단5:25)

단어를 풀면 아람어로 "메네"는 '세다', "데겔"은 '무게를 달다', "우바르신"은 '그리고 나뉘다'라는 뜻으로 이어서 해석하면 '세고 또 세고 저울에 달아봐도 모자라서 나뉘다'라는 의미였습니다. 다음은 다니엘의 해석입니다.

> "메네는 하나님이 이미 왕의 나라의 시대를 세어서 그것을 끝나게 하셨다 함이요 데겔은 왕을 저울에 달아 보니 부족함이 보였다 함이요 베레스는 왕의 나라가 나뉘어서 메대와 바사 사람에게 준 바 되었다 함이니이다"(단5:26-28)

하나님이 벨사살과 바벨론을 저울에 달아보았는데 함량 미달이어서 메대-바사 제국에 의해 멸망한다는 예언이었습니다. '부족하다! 모자라다!' 그 메시지 앞에서도 벨사살은 당장 돌아서지 않습니다. 시간을 두고 생각하려 했는지 모르겠습니다. 그리고 왕은 다니엘의 해석을 인정한 까닭에 그를 "나라의 셋째 통치자"(단5:29)로 삼지만 빨리 돌아서지는 않았습니다.

그런데 바로 그 밤에 메대-바사 연합군의 공격을 받고 목숨을 잃고, 나라는 사라집니다. 다니엘의 말을 듣고 회개했어도 이미 늦었던 것인지도 모르지만, 그와 같은 기회조차도 벨사살은 시도하지 않았습니다. 끝이었습니다.

---

* 묵상질문

언제나 지금이 가장 급한 시간입니다. 내일로 미뤄서는 안 됩니다. "지금은 은혜 받을 만한 때요 보라 지금은 구원의 날"(고후6:2)임을 잊어서는 안 됩니다.

찍힌 것을 알고도

* Lexio 읽기 / 다니엘 6:1-10
가능하면 오늘의 본문을 먼저 읽는 것이 좋지만 바로 아래 글을 읽어도 좋습니다. 충분히
본문을 이해하도록 배려하며 글을 썼습니다. 혹시 본문을 읽으신 분은 감동이 오는 말씀이
나 단어 혹은 느낌을 간단히 적으시면 좋습니다.

> "그 날 밤에 갈대아 왕 벨사살이 죽임을 당하였고 메대 사람 다리
> 오가 나라를 얻었는데 그 때에 다리오는 육십이 세였더라"
>
> (단5:30-31)

느부갓네살에게 주어진 것만큼 하나님은 벨사살에게도 기회를 주셨
습니다. 하지만 그는 함량 미달이었습니다. 그렇게 벨사살과 바벨론은
멸망합니다. 바벨론은 이제 메대-바사 제국이 통치하게 되었는데, 실권
을 가진 고레스가 외삼촌 메대의 다리오를 왕으로 통치하게 하였습니
다.

다리오는 통치를 시작하면서 느부갓네살과 벨사살 앞에서도 당당히
예언하던 다니엘을 중용하였습니다. 그리고 광범위한 왕국을 통치하기
위하여 총리 3명을 두었는데, 그중 한 사람으로 다니엘을 세웁니다(단
6:2-3). 그때 다니엘의 나이는 83세 정도 된 때였습니다.

그런데 이와 같은 권력 분배에 불만을 가진 자들이 있었습니다. 처음
에는 멸망당한 이스라엘 포로 신분이었다가 바벨론의 총리까지 지낸 다

니엘이 새로운 나라의 총리로 세워지는 것이 못마땅했기 때문입니다. 충분히 이해가 될만한 상황입니다. 그래서 그들이 음모를 꾸밉니다. 다니엘이 하나님 외에 다른 신을 섬기지 않는다는 것을 안 그들이 기막힌 방법을 생각해 냅니다.

> "나라의 모든 총리와 지사와 총독과 법관과 관원이 의논하고 왕에게 한 법률을 세우며 한 금령을 정하실 것을 구하나이다 왕이여 그것은 곧 이제부터 삼십일 동안에 누구든지 왕 외의 어떤 신에게나 사람에게 무엇을 구하면 사자 굴에 던져 넣기로 한 것이니이다"(단6:7)

아나나 다를까 다니엘이 그 덫에 걸려듭니다. 하지만 다니엘은 그것이 덫인 줄 이미 알고 있었고 흔들림이 없었습니다. 그의 행동은 일정했습니다.

> "다니엘이 이 조서에 왕의 도장이 찍힌 것을 알고도 자기 집에 돌아가서는 윗방에 올라가 예루살렘으로 향한 창문을 열고 전에 하던 대로 하루 세 번씩 무릎을 꿇고 기도하며 그의 하나님께 감사하였더라"(단6:10)

"찍힌 것을 알고도". 이것이 다니엘의 신앙이었습니다. 위기가 닥칠 것을 알면서도 그는 분명했습니다.

* 묵상질문
다니엘에게 하나님과의 관계는 하늘이 무너져도 지켜야 할 약속이고 쾌락이었습니다. 그렇다면 나는 어떻습니까?

전에 행하던 대로

* Lexio 읽기 / 다니엘 6:10
가능하면 오늘의 본문을 먼저 읽는 것이 좋지만 바로 아래 글을 읽어도 좋습니다. 충분히
본문을 이해하도록 배려하며 글을 썼습니다. 혹시 본문을 읽으신 분은 감동이 오는 말씀이
나 단어 혹은 느낌을 간단히 적으시면 좋습니다.

"다니엘이 이 조서에 왕의 도장이 찍힌 것을 알고도"(단6:10a)

다니엘은 덫에 걸린 것을 알고 있었습니다. 소나기가 쏟아지는 상황이
었습니다. 잠시 피하는 것이 지혜롭게 보입니다. 더욱이 금령이 내려진
기간은 30일에 불과하였습니다. 30일 동안만 세상의 법을 좇아 피했다
가 다시 원래대로 돌아가도 되었습니다. 그럴 수도 있었습니다. 하지만
다니엘은 그렇게 행동하지 않았습니다. 다니엘의 반응은 "전에 하던 대
로"였습니다.

"자기 집에 돌아가서는 윗방에 올라가 예루살렘으로 향한 창문을
열고 전에 하던 대로 하루 세 번씩 무릎을 꿇고 기도하며 그의
하나님께 감사하였더라"(단6:10b)

알다시피 중요한 것은 '하나님께 기도하는 것'입니다. 예루살렘을 향
해 창문을 열든 열지 않든, 무릎을 꿇든 꿇지 않든 그것은 분명 이차적
인 것입니다. 그러니까 문을 닫고 몰래 예루살렘을 향해서 기도해도 아
무 문제가 없었을 것입니다. 하지만 다니엘의 신앙은 행위와 마음이 일

104

치된 상태였습니다. 행위 따로 마음 따로 움직이지 않았습니다. 그가 "전에 하던 대로" 행동한 이유였습니다.

그러나 우리는 간혹 자신이 크리스천이라는 사실 때문에 불이익을 당하게 되면 잠시 그 사실을 숨기기도 합니다. 그때 우리는 중요한 것이 마음이라고 자신을 위로하며 신앙을 마음의 영역으로 제한합니다. 그것이 우리 신앙의 크기입니다. 그런데 다니엘은 우리와 달랐습니다. 더욱이 다니엘은 이러한 상황을 감사로 반응하였습니다.

> "전에 하던 대로 하루 세 번씩 무릎을 꿇고 기도하며 그의 하나님
> 께 감사하였더라"(단6:10c)

성경에는 없지만 혹시 다니엘도 망설였을지도 모릅니다. 하지만 그가 "전에 하던 대로" 행동하는 순간 그에게 놀라운 담대함이 생겼을 것입니다. 그것은 그동안 다니엘이 쌓은 기도 때문이었을 것이고, 그가 기도하던 곳에 임재하시는 하나님의 은총 때문이었을 것입니다. 우리가 다니엘처럼 "전에 하던 대로" 행동할 수 있도록 신앙을 생활화해야 하는 이유입니다.

* 묵상질문
먼저 다니엘처럼 "전에 행하던 대로" 신앙을 생활화하십시오. 그때 우리에게도 다니엘과 같은 능력을 하나님이 주실 것입니다. 꼭 그렇게 해보십시오.

항상 섬기는 예배자

* Lexio 읽기 / 다니엘 6:11-23
가능하면 오늘의 본문을 먼저 읽는 것이 좋지만 바로 아래 글을 읽어도 좋습니다. 충분히 본문을 이해하도록 배려하며 글을 썼습니다. 혹시 본문을 읽으신 분은 감동이 오는 말씀이나 단어 혹은 느낌을 간단히 적으시면 좋습니다.

"그 무리들이 모여서 다니엘이 자기 하나님 앞에 기도하며 간구
하는 것을 발견하고"(단6:11)

드디어 덫에 걸린 다니엘을 그들이 발견합니다. 계획대로 진행된 것입니다. 그들은 왕에게 "메대와 바사의 고치지 못하는 규례"(단6:12)로 왕의 금령을 좇아 다니엘을 사자 굴에 던져 넣는 형벌을 집행할 것을 요청합니다. 왕은 어찌하든지 다니엘을 살리려고 시도하였습니다.

"왕이 이 말을 듣고 그로 말미암아 심히 근심하여 다니엘을 구원
하려고 마음을 쓰며 그를 건져내려고 힘을 다하다가 해가 질 때
에 이르렀더라"(단6:14)

하지만 방법이 없었습니다. 어쩔 수 없이 다니엘은 사자 굴에 던져집니다. 그때 한 다리오의 말이 아름답습니다.

"네가 항상 섬기는 너의 하나님이 너를 구원하시리라"(단6:16)

놀랍게도 다리오는 신앙을 가진 왕이었습니다. 다리오는 밤새도록 금식하며 모든 오락을 멈추고 밤을 거의 새웁니다. 기도하고 있다고 자세하게 기록하고 있지는 않지만, 정황상 그는 기도하고 있었던 것으로 보입니다. 그리고 아침이 되자마자 부리나케 달려간 사자 굴 앞에서 "살아 계시는 하나님의 종 다니엘"이라는 외침이 그의 신앙을 확인해 줍니다.

> "다니엘이 든 굴에 가까이 이르러서 슬피 소리 질러 다니엘에게 물되 살아 계시는 하나님의 종 다니엘아 네가 항상 섬기는 네 하나님이 사자들에게서 능히 너를 구원하셨느냐 하니라"(단6:20)

다니엘은 털끝 하나 다치지 않고 온전했습니다. 다니엘은 하나님이 "천사를 보내어 사자들의 입을 봉하셨기"(단6:22) 때문이라고 말합니다. 이 사건에 대한 성경의 결론입니다.

> "이는 그가 자기의 하나님을 믿음이었더라"(단6:23)

다니엘의 권세는 다리오가 말한 것처럼 다니엘이 "항상 섬기는 네 하나님"에게서 나오는 것이었습니다.

* 묵상질문

항상 섬기는 예배자가 되는 것이 능력의 근원입니다. 하나님 역시 항상 함께 하실 것이기 때문입니다.

하나님 앞에서 떨며 두려워하라

* Lexio 읽기 / 다니엘 6:24-28
가능하면 오늘의 본문을 먼저 읽는 것이 좋지만 바로 아래 글을 읽어도 좋습니다. 충분히 본문을 이해하도록 배려하며 글을 썼습니다. 혹시 본문을 읽으신 분은 감동이 오는 말씀이나 단어 혹은 느낌을 간단히 적으시면 좋습니다.

"그들이 다니엘을 굴에서 올린즉 그의 몸이 조금도 상하지 아니
하였으니 이는 그가 자기의 하나님을 믿음이었더라"(단6:23)

하나님을 믿는 사람들에게 주어지는 가장 큰 축복은 하나님의 지키심입니다. 반면에 하나님을 믿지 않는 사람들은 자신을 의지합니다. 그것이 가장 큰 차이입니다. 이후 왕이 다니엘을 참소하던 자들을 사자 굴에 던졌을 때에 그들이 만난 것은 비참한 죽음이었습니다. 그들의 힘으로는 그 상황을 이길 수 없었기 때문입니다.

이 극명한 결과, 다니엘과 다니엘을 참소하던 자들이 만났던 똑같은 상황의 다른 결과는 나라 전체에 강력한 메시지가 되었습니다. 왕이 말하지 않아도 이미 두려워하고 있을 백성들에게 왕은 강력한 조서를 내립니다. 조서의 내용은 하나님을 두려워하라는 것이었습니다.

"내가 이제 조서를 내리노라 내 나라 관할 아래에 있는 사람들은
다 다니엘의 하나님 앞에서 떨며 두려워할지니 그는 살아 계시
는 하나님이시요 영원히 변하지 않으실 이시며 그의 나라는 멸

망하지 아니할 것이요 그의 권세는 무궁할 것이며"(단6:26)

왕이 볼 때 모든 문제의 근거는 인간이 자신을 믿어 스스로 교만해지는 것이라고 판단한 것입니다. 그러므로 '하나님 앞에서 떨며 두려워하라'라는 조서를 내린 것입니다.

'하나님을 두려워하라!' 사실 우리의 문제는 하나님을 두려워하지 않는 것입니다. 하나님을 두려워하지 않기에 죄는 시작되는 것이고, 하나님을 두려워하지 않기에 죄를 지속하는 것이라 해도 틀리지 않습니다.

바벨론을 고레스가 정복한 것이지만 외삼촌인 다리오가 바벨론의 왕으로 있다가 고레스가 다리오의 딸과 결혼하면서 메대-바사 제국은 통합된 나라 페르시아(바사) 제국이 됩니다. 그런데 놀라운 것은 고레스가 하나님을 인정하는 다리오를 이어 페르시아 제국의 왕이 되지만 그 역시 하나님을 인정하고 더 나아가 예루살렘 성전 재건 조서를 내린다는 사실입니다. 그 이유 중의 하나는 다리오의 영향일지도 모릅니다. 그렇다면 다니엘의 "전에 행하던 대로" 살았던 신앙 때문이었다고 말해도 틀리지 않을 것입니다.

* 묵상질문
세상보다 하나님을 두려워하며 성실과 정직 그리고 공의로 사는 자들을 통하여 하나님은 역사하심을 잊지 마십시오.

제 6 부

하나님의 섭리를 기억하라

2장과 7장

* Lexio 읽기 / 다니엘 2:25-45

가능하면 오늘의 본문을 먼저 읽는 것이 좋지만 바로 아래 글을 읽어도 좋습니다. 충분히 본문을 이해하도록 배려하며 글을 썼습니다. 혹시 본문을 읽으신 분은 감동이 오는 말씀이나 단어 혹은 느낌을 간단히 적으시면 좋습니다.

7장에 대한 해석은 거의 모든 학자들이 2장과 같은 선상에서 해석하는 것에 동의합니다. 우리가 이미 살핀 것처럼 첫째 왕국(머리, 순금)은 바벨론, 둘째 왕국(가슴과 두 팔, 은)은 메대와 페르시아(바사), 셋째 왕국(배와 넓적다리, 놋)은 헬라를 말하고 마지막으로 넷째 왕국(종아리와 발, 쇠와 진흙)은 로마를 상징한다고 봅니다.

대체적으로 이와 같은 해석에 동의하지만 일부 학자들은 둘째 왕국을 메대로, 셋째 왕국은 헬라가 아니라 페르시아(바사)로 구분합니다. 그런 까닭에 넷째 왕국을 로마가 아니라 헬라로 해석합니다. 이러한 해석이 나오게 된 근본적인 이유는 넷째 짐승 중 작은 뿔의 묘사가 적 그리스도와 유사하기 때문인데, 강력하게 유대인들을 핍박했던 안티오쿠스 4세로 이해하기 때문입니다. 그는 이전 왕들과 근본적으로 달라서 강력하게 "지극히 높으신 이"를 대적하여 움직였습니다.

> "그가 장차 지극히 높으신 이를 말로 대적하며 또 지극히 높으신
> 이의 성도를 괴롭게 할 것이며 그가 또 때와 법을 고치고자 할
> 것이며 성도들은 그의 손에 붙인 바 되어 한 때와 두 때와 반 때

를 지내리라"(단7:25)

이 본문을 공동번역 카톨릭판에 들어있는 마카베오상과 비교하면 비슷한 내용이 있음을 볼 수 있습니다.

> "그는 무엄하게도 성전 깊숙이 들어가서 금제단, 등경과 그 모든 부속물, 제사 상, 술잔, 그릇, 금향로, 휘장, 관 등을 약탈하고 성전 정면에 씌웠던 금장식을 벗겨 가져갔다. 또 금, 은은 물론 값비싼 기물들을 빼앗고 감추어두었던 보물들을 찾아내는 대로 모두 약탈하였다. 그는 이 모든 것을 차지하고 많은 사람을 죽인 다음, 오만 불손한 욕설을 남기고 자기 나라로 돌아갔다... 율법서는 발견되는 대로 찢어 불살라 버렸다."(마카베오상1:21-24,56)

하지만 이러한 해석은 이후 세대 주의자들이 해석하는 열 뿔을 EU 10국으로 해석하거나 10개의 공산주의 국가로 해석하여 종말론적으로 이해하려 했던 시도와 다르지 않습니다. 무엇보다 중요한 것은 '안티오쿠스의 유대교 핍박을 적그리스도적으로 표현하는 것이 맞는가?' 하는 점일 것입니다. 오히려 로마 시대의 핍박이 실제적인 적그리스도적 행위와 더 맞는다고 해석하는 것이 옳다고 보이기 때문입니다.

---

* **묵상질문**
묵시문학으로 다니엘서를 요한계시록과 같이 실제 사건으로 연결시키는 해석은 늘 주의할 필요가 있습니다.

- -

- -

다니엘서의 전개와 종결

* Lexio 읽기 / 다니엘 6:25-27, 11:36-39, 12:1
가능하면 오늘의 본문을 먼저 읽는 것이 좋지만 바로 아래 글을 읽어도 좋습니다. 충분히
본문을 이해하도록 배려하며 글을 썼습니다. 혹시 본문을 읽으신 분은 감동이 오는 말씀이
나 단어 혹은 느낌을 간단히 적으시면 좋습니다.

> "왕이여 왕은 여러 왕들 중의 왕이시라 하늘의 하나님이 나라와
> 권세와 능력과 영광을 왕에게 주셨고... 왕을 뒤이어 왕보다 못
> 한 다른 나라가 일어날 것이요"(단2:37,39)

2장의 흐름을 보면 세계 역사에 대한 하나님의 계획에 각 나라의 왕
들은 반응하는 것으로 그려집니다. 그래서 이어지는 3장부터 6장까지,
왕들이 하나님의 섭리를 따르는 것으로 기록됩니다. 그리고 그 대표적
인물은 느부갓네살인데 그 결론으로 하나님을 인정하는 다리오 조서를
내리는 것으로 맺습니다.

> "내가 이제 조서를 내리노라 내 나라 관할 아래에 있는 사람들은
> 다 다니엘의 하나님 앞에서 떨며 두려워할지니 그는 살아 계시
> 는 하나님이시요 영원히 변하지 않으실 이시며 그의 나라는 멸
> 망하지 아니할 것이요"(단6:26)

그러나 7장은 역사의 이면에 있는 세속적 왕의 통치적 측면에 강조점
을 두고 기록된 것으로 보입니다. 그래서 그런 것인지는 모르나 하나님

전의 그릇들을 술잔으로 쓰며 훼손한 섭정 왕 벨사살로 시작합니다.

> "바벨론 벨사살 왕 원년에 다니엘이 그의 침상에서 꿈을 꾸며 머
> 리 속으로 환상을 받고 그 꿈을 기록하며 그 일의 대략을 진술하
> 니라"(단7:1)

소위 하나님을 대적하는 인간 왕의 역사를 8장부터 기록하여 11장까지 이어집니다. 다음은 그들의 결론입니다.

> "그 왕은 자기 마음대로 행하며 스스로 높여 모든 신보다 크다 하
> 며 비상한 말로 신들의 신을 대적하며 형통하기를 분노하심이
> 그칠 때까지 하리니"(단11:36)

정황상 이 왕은 가장 하나님에게 적대적인 인물로 평가받는 안티오쿠스 4세임을 알 수 있습니다. 이와 같은 기록 때문에 다니엘서가 B.C. 167년경 안티오쿠스의 적대적 행위를 했던 것을 보고 후대에 쓴 것이라 주장하는 근거가 됩니다.

이후 다니엘서는 12장에서 하나님의 구원의 역사를 기술함으로 마무리합니다. 아무리 세상의 왕들이 왕성할지라도 하나님이 종결하신다는 의미입니다.

* 묵상질문

아무리 세상이 왕성해도 하나님이 역사를 진행하시고 종결하심을 잊어서는 안 됩니다.

용과 넷째 짐승

* Lexio 읽기 / 다니엘 7:1-7
가능하면 오늘의 본문을 먼저 읽는 것이 좋지만 바로 아래 글을 읽어도 좋습니다. 충분히
본문을 이해하도록 배려하며 글을 썼습니다. 혹시 본문을 읽으신 분은 감동이 오는 말씀이
나 단어 혹은 느낌을 간단히 적으시면 좋습니다.

하나님이 섭리하시는 역사 속에 그 역할을 깨닫든 혹은 마지못해서라
고 하든, 열왕들로서 느부갓네살, 다리오 그리고 고레스를 기록하지만
그것을 깨는 적대적인 관계를 드러내는 왕이 바벨론의 마지막 왕 벨사
살(단7:1)입니다. 그리고 7장은 벨사살을 시작으로 "자기 마음대로 행하
며"(단11:36) 사는 왕들을 기록하고 있습니다. 그때 다니엘이 본 환상입
니다. 곧 세상 나라의 모습입니다.

> "다니엘이 진술하여 이르되 내가 밤에 환상을 보았는데 하늘의
> 네 바람이 큰 바다로 몰려 불더니 큰 짐승 넷이 바다에서 나왔는
> 데 그 모양이 각각 다르더라"(단7:2-3)

다니엘서 7장을 읽을 때 관심 있게 생각할 부분은 요한계시록입니다.
요한계시록에서 사용되고 있는 표현이 다니엘서의 표현들과 매우 비슷
하기 때문입니다. 우선 요한계시록에도 나오는 "네 바람"(공동번역/계
7:1)은 세상에 재앙을 일으키는 원인의 현상입니다. 그리고 요한계시록
13장에 짐승 하나가 등장하는데 이렇게 기술합니다.

"내가 보니 바다에서 한 짐승이 나오는데 뿔이 열이요 머리가 일곱이라 그 뿔에는 열 왕관이 있고 그 머리들에는 신성모독 하는 이름들이 있더라 내가 본 짐승은 표범과 비슷하고 그 발은 곰의 발 같고 그 입은 사자의 입 같은데 용이 자기의 능력과 보좌와 큰 권세를 그에게 주었더라"(계13:1-2)

이러한 기록은 같은 묵시 문학인 다니엘서에 드러나는 바람, 바다, 짐승 등 상징과 연결되는데 특히 7장에 등장하고 있는 네 짐승에 대한 묘사가 흥미롭습니다. 요한계시록은 한 짐승은 표범의 모습에 곰의 발, 사자의 입 같은데 용이 권세를 줬다고 기록합니다. 그런데 다니엘서는 "네 바람"에 의해 "큰 바다"에서 "큰 짐승 넷"이 나왔는데 그 모습이 첫째는 사자와 같고 둘째는 곰과 같고 셋째는 표범과 같은데 넷째 짐승은 특별한데 요한계시록이 용이라고 묘사된 것과 비교할 수 있습니다.

"넷째 짐승은 무섭고 놀라우며 또 매우 강하며 또 쇠로 된 큰 이가 있어서 먹고 부서뜨리고 그 나머지를 발로 밟았으며 이 짐승은 전의 모든 짐승과 다르고 또 열 뿔이 있더라"(단7:7)

* 묵상질문
다니엘서에서도 요한계시록이 상징하는 용과 마찬가지로 이전 짐승과 다른 통합적 존재로서의 넷째 짐승을 말합니다. 세상이 만들어낸 사탄적 세상임을 알 수 있습니다.

언제나 먼저 결론을 생각하라

* Lexio 읽기 / 다니엘 7:8-14
가능하면 오늘의 본문을 먼저 읽는 것이 좋지만 바로 아래 글을 읽어도 좋습니다. 충분히
본문을 이해하도록 배려하며 글을 썼습니다. 혹시 본문을 읽으신 분은 감동이 오는 말씀이
나 단어 혹은 느낌을 간단히 적으시면 좋습니다.

> "내가 밤 환상 가운데에 그 다음에 본 넷째 짐승은 무섭고 놀라우
> 며 또 매우 강하며 또 쇠로 된 큰 이가 있어서 먹고 부서뜨리고
> 그 나머지를 발로 밟았으며 이 짐승은 전의 모든 짐승과 다르고
> 또 열 뿔이 있더라"(단7:7)

"넷째 짐승"의 행동에서 알 수 있듯이 세상이 만들어낸 사탄적 세상, 666으로 표현되는 절대 권력 같아 보입니다. 그것을 다니엘은 넷째 짐승의 열 뿔 중에서 다른 뿔들을 뿌리뽑고 통합하는 "작은 뿔"로 묘사한 것입니다. 그런데 그가 말하는 소리가 거슬립니다.

> "이 작은 뿔에는 사람의 눈 같은 눈들이 있고 또 입이 있어 큰 말
> 을 하였더라"(단7:8)

그것은 '미혹과 권력을 말하는 입'입니다. 하지만 이내 다니엘은 놀라운 환상을 보는데 그것은 "왕좌"와 "옛적부터 항상 계신 이가 좌정"(단7:9) 하신 이, 곧 하나님을 봅니다. 그리고 그의 심판을 봅니다.

"불이 강처럼 흘러 그의 앞에서 나오며 그를 섬기는 자는 천천이
요 그 앞에서 모셔 선 자는 만만이며 심판을 베푸는데 책들이 펴
놓였더라"(단7:10)

그 순간 그 강력한 권력을 휘두르며 건방지게 활동하던 "짐승"이 멸망
을 당하는(단7:11) 환상이 이어집니다. 크게는 세상의 멸망입니다. 그뿐
만 아니라 요한계시록에 있는 구름 타고 오시는 "인자 같은 이"인 주님
의 재림 기록처럼(계1:7, 14:16) 마지막 날에 임하게 될 하나님 나라의 완성
과 승리에 대한 환상을 봅니다.

"볼지어다 그가 구름을 타고 오시리라 각 사람의 눈이 그를 보겠
고 그를 찌른 자들도 볼 것이요 땅에 있는 모든 족속이 그로 말
미암아 애곡하리니 그러하리라 아멘"(계1:7)

"내가 또 밤 환상 중에 보니 인자 같은 이가 하늘 구름을 타고 와
서 옛적부터 항상 계신 이에게 나아가 그 앞으로 인도되매 그에
게 권세와 영광과 나라를 주고 모든 백성과 나라들과 다른 언어
를 말하는 모든 자들이 그를 섬기게 하였으니 그의 권세는 소멸
되지 아니하는 영원한 권세요 그의 나라는 멸망하지 아니할 것
이니라"(단7:13-14)

* 묵상질문
모든 악과 간계와 능력은 일시적입니다. 곧 그날이 이를 것입니다. 언제나 이 결론을 먼저
생각하십시오.

반드시 승리하지만 쉽지 않다

* Lexio 읽기 / 다니엘 7:15-28
가능하면 오늘의 본문을 먼저 읽는 것이 좋지만 바로 아래 글을 읽어도 좋습니다. 충분히 본문을 이해하도록 배려하며 글을 썼습니다. 혹시 본문을 읽으신 분은 감동이 오는 말씀이나 단어 혹은 느낌을 간단히 적으시면 좋습니다.

> "나 다니엘이 중심에 근심하며 내 머리 속의 환상이 나를 번민하게 한지라... 그 네 큰 짐승은 세상에 일어날 네 왕이라"(단7:15,17)

다니엘 역시 묵시로 받은 환상을 풀기에는 역부족이었습니다. 특히 넷째 짐승의 움직임이 심상치 않았습니다. 그때 다니엘은 "그 곁에 모셔 선 자들 중 하나"(단7:16)로부터 그 네 큰 짐승에 대하여 듣습니다. 그런 것을 볼 때 이어지는 자세한 설명들을 다니엘도 알고 있지 않았음을 알 수 있습니다.

우선 본 것은 세상에 일어날 왕들 그리고 적그리스도가 강하다는 사실입니다. 그래서 다니엘은 하나님의 백성, 성도들과 싸워서 일시적이지만 그들이 이기는 것을 봅니다.

> "내가 보니, 그 뿔은 거룩한 백성을 쳐서 정복하였다."
> (공동번역/단7:21)

어쩌면 다니엘이 우려했던 상황이었고, 우리가 만나고 있으며 앞으로 만나게 될 상황일지도 모릅니다. 하지만 영원한 것은 아니었습니다. 다니엘이 본 것이 그것이었습니다. 이어진 환상의 내용입니다.

> "옛적부터 항상 계신 이가 와서 지극히 높으신 이의 성도들을 위하여 원한을 풀어 주셨고 때가 이르매 성도들이 나라를 얻었더라"(단7:22)

최후에는 우리가 이깁니다. 진리입니다.

> "심판이 시작되면 그는 권세를 빼앗기고 완전히 멸망할 것이요 나라와 권세와 온 천하 나라들의 위세가 지극히 높으신 이의 거룩한 백성에게 붙인 바 되리니"(단7:26-27)

최후 승리의 환상이었습니다. 이처럼 분명히 승리가 계획되었지만, 다니엘은 "중심에 번민하였으며 내 얼굴빛이 변하였"습니다(단7:28). 왜냐하면 고난과 환난이 있기 때문입니다. 그렇습니다. 쉽지는 않습니다. 하지만 반드시 승리할 것입니다. 우리가 서로 격려하며 힘을 내어 걸어가야 하는 이유입니다.

* **묵상질문**
영적 전쟁은 쉽지 않습니다. 반드시 승리하지만 쉽지 않습니다. 그러므로 함께 격려하며 가야 합니다. 눈을 주님께 고정해야 합니다. 아시겠습니까?

너무나 구체적인 예언 1

* Lexio 읽기 / 다니엘 8:1-4,20
가능하면 오늘의 본문을 먼저 읽는 것이 좋지만 바로 아래 글을 읽어도 좋습니다. 충분히 본문을 이해하도록 배려하며 글을 썼습니다. 혹시 본문을 읽으신 분은 감동이 오는 말씀이나 단어 혹은 느낌을 간단히 적으시면 좋습니다.

"나 다니엘에게 처음에 나타난 환상 후 벨사살 왕 제삼년에 다시
한 환상이 나타나니라"(단8:1)

벨사살 왕 원년에 보았던 환상 이후 다니엘은 벨사살 왕 3년에 다시 환상을 봅니다. 얼핏 보면 같은 사건의 다른 버전으로 보입니다. 하지만 분명한 차이가 있는데, 7장은 다양한 해석이 가능한 반면에 8장은 매우 구체적이고 사실적이라는 점입니다. 같이 3절을 읽어보겠습니다.

"내가 눈을 들어 본즉 강 가에 두 뿔 가진 숫양이 섰는데 그 두 뿔
이 다 길었으며 그 중 한 뿔은 다른 뿔보다 길었고 그 긴 것은 나
중에 난 것이더라"(단8:3)

이 말씀을 그냥 읽어서는 내용을 도무지 알 수 없습니다. 그것은 다니엘도 마찬가지였습니다. 그래서 "다니엘이 이 환상을 보고 그 뜻을 알고자 할 때에"(단8:15) 하나님으로 보이는 이가 천사 가브리엘에게 해석해 주라고 말합니다. 그 해석 내용입니다.

"네가 본 바 두 뿔 가진 숫양은 곧 메대와 바사 왕들이요"(단8:20)

도무지 이해하기 힘들었던 내용이 쉽게 풀립니다. 이러한 이해를 바탕으로 다시 3절을 읽으면 보이는 것들이 있습니다. 예를 들어 숫양의 두 뿔이 다 길었는데 그중 한 뿔, "나중에 난 것"(단8:3)이 다른 뿔보다 더 길었다는 것은 처음에 더 강했던 메대와 상대적으로 약했던 바사(페르시다)의 균형이 고레스에 의해 페르시아가 강해진 것을 말하며, 결국 고레스가 메대를 점령하면서 강해진 형국을 말함을 알 수 있습니다. 그 강력한 왕국의 모습을 이어지는 4절에서도 설명합니다.

"내가 본즉 그 숫양이 서쪽과 북쪽과 남쪽을 향하여 받으나 그것
을 당할 짐승이 하나도 없고 그 손에서 구할 자가 없으므로 그것
이 원하는 대로 행하고 강하여졌더라"(단8:4)

역사를 살펴볼 때 4절은 페르시아가 점령한 나라들을 말합니다. 여기서 설명하는 방향을 따라 봤을 때 서쪽은 바벨론, 시리아 등의 나라이고, 북쪽은 아르메니아 등이며 남쪽은 애굽, 에티오피아 등임을 알 수 있습니다.

* 묵상질문

B.C. 553년 아직 바벨론이 왕성한 상태에 있을 때 이어지는 왕국 메대와 페르시아의 역사를 구체적으로 예언하는 것을 볼 때 어떤 생각이 드십니까?

너무나 구체적인 예언 2

* Lexio 읽기 / 다니엘 8:5-8,21-22
가능하면 오늘의 본문을 먼저 읽는 것이 좋지만 바로 아래 글을 읽어도 좋습니다. 충분히
본문을 이해하도록 배려하며 글을 썼습니다. 혹시 본문을 읽으신 분은 감동이 오는 말씀이
나 단어 혹은 느낌을 간단히 적으시면 좋습니다.

> "내가 본즉 그 숫양이 서쪽과 북쪽과 남쪽을 향하여 받으나 그것
> 을 당할 짐승이 하나도 없고 그 손에서 구할 자가 없으므로 그것
> 이 원하는 대로 행하고 강하여졌더라"(단8:4)

바사와 페르시아로 상징된 두 뿔의 숫양을 다니엘이 생각하고 있을
때 이번에는 한 숫염소 환상이 보입니다.

> "내가 생각할 때에 한 숫염소가 서쪽에서부터 와서 온 지면에 두
> 루 다니되 땅에 닿지 아니하며 그 염소의 두 눈 사이에는 현저한
> 뿔이 있더라"(단8:5)

이 환상 역시 가브리엘이 정확하게 실명으로 설명합니다.

> "털이 많은 숫염소는 곧 헬라 왕이요 그의 두 눈 사이에 있는 큰
> 뿔은 곧 그 첫째 왕이요"(단8:21)

역사적으로는 알렉산더가 페르시아를 멸망시키고 세계 패권을 잡은
헬라 제국을 말함을 알 수 있습니다. 이러한 이해로 본문을 읽으면 재미

있습니다. 특히 숫염소가 숫양을 "분노한 힘으로"(단8:6) 제압하고 두 뿔을 꺾는 것은 페르시아의 멸망을 말함을 알 수 있습니다. 여기서 주의할 것은 "분노한 힘으로"라는 표현입니다. 영화 '300'에도 나오지만 페르시아는 그리스 정벌을 자주 시도했습니다. 그 왕이 크세르크세스 1세(B.C. 480년)입니다. 하지만 이후 살라미스 해전에서 패하면서 힘을 잃습니다. 이와 같은 기억 때문에 그리스에게 페르시아는 반드시 제거해야 할 원수였습니다. "분노한 힘"의 이유입니다.

이후 헬라 제국의 알렉산더는 강력한 제국을 이룹니다. 하지만 갑자기 죽습니다. 그 후 나라는 넷으로 분할되는데 알렉산더의 휘하에 있던 네 명의 장군에 의해서였습니다. 그 결과 톨레미-이집트와 팔레스타인, 셀류쿠스-시리아와 바벨론, 카산더-마게도냐와 소아시아, 리시마쿠스-드레이스와 비두니아로 분할됩니다. 8절과 22절을 읽으면 그 역사적 사실이 보입니다.

> "숫염소가 스스로 심히 강대하여 가더니 강성할 때에 그 큰 뿔이
> 꺾이고 그 대신에 현저한 뿔 넷이 하늘 사방을 향하여 났더라...
> 이 뿔이 꺾이고 그 대신에 네 뿔이 났은즉 그 나라 가운데에서
> 네 나라가 일어나되 그의 권세만 못하리라"(단8:8,22)

* 묵상질문
아시다시피 노스트라다무스, 정감록 등의 예언서들과 달리 페르시아, 헬라 등 실명이 등장하는 것에서 알 수 있듯 매우 구체적입니다. 어떻게 생각하십니까?

_____

_____

너무나 구체적인 예언 3

* Lexio 읽기 / 다니엘 8:9-14,23-26
가능하면 오늘의 본문을 먼저 읽는 것이 좋지만 바로 아래 글을 읽어도 좋습니다. 충분히
본문을 이해하도록 배려하며 글을 썼습니다. 혹시 본문을 읽으신 분은 감동이 오는 말씀이
나 단어 혹은 느낌을 간단히 적으시면 좋습니다.

> "숫염소가 스스로 심히 강대하여 가더니 강성할 때에 그 큰 뿔이
> 꺾이고 그 대신에 현저한 뿔 넷이 하늘 사방을 향하여 났더라"
> (단8:8)

알렉산더 대제가 죽은 후 헬라 제국은 네 개의 왕국으로 나누어졌는
데 그중 '한 뿔에서 나온 작은 뿔 하나'(단8:9)가 특별히 언급됩니다. 그
"작은 뿔"로 상징된 그 왕이 한 일들 중 특이한 묘사들이 있는데 다음
과 같습니다.

> "또 작은 뿔 하나가 나서 남쪽과 동쪽과 또 영화로운 땅을 향하여
> 심히 커지더니 그것이 하늘 군대에 미칠 만큼 커져서... 스스로
> 높아져서 군대의 주재를 대적하며 그에게 매일 드리는 제사를
> 없애 버렸고 그의 성소를 헐었으며"(단8:9-11)

8장의 흐름을 볼 때 뿔 넷 중 하나는 셀류쿠스 왕조를 말하고 그 뿔
에서 나온 작은 뿔은 안티오쿠스 4세를 말하는 것에 모든 학자들이 동
의합니다. 통치 기간 동안 안티오쿠스는 "영화로운 땅", 곧 예루살렘을

능욕하고 성전 제사를 폐하였으며 성전 안에 제우스를 위한 제단을 쌓고 돼지를 제물로 바치는 행악을 저지릅니다. 또한 유대인들에게 목숨과 같은 절기와 안식일, 할례를 금지시켰고 심지어 율법책을 불태웠으며 그 말씀을 좇는 자들을 죽였습니다. 이러한 패역은 마카베오서에 자세히 기록되어 있습니다.

> "백사십오년 기슬레우월 십오일에 안티오쿠스 왕은 번제 제단 위에 가증스러운 파멸의 우상을 세웠다... 율법서는 발견되는 대로 찢어 불살라 버렸다. 율법서를 가지고 있다가 들키거나 율법을 지키거나 하는 사람이면 누구든지 왕명에 의해서 사형을 당하였다."(마카베오상1:54,56-57)

이 기막힌 환상을 보던 다니엘은 이러한 일이 언제 어떻게 진행될지를 서로 말하는 "거룩한 이" 두 존재의 말을 듣습니다. 그 시간은 "이천삼백 주야까지"(단8:14)까지 진행될 것이라는 이야기였습니다. 실제로 역사 속에서 안티오쿠스는 B.C. 167년(마카베오상1:54) 성전에 제우스 제단을 쌓지만 약 3년 후인 B.C. 164년 마케베오 혁명으로 성전이 봉헌되므로 예언이 성취됩니다. 유대인들은 그것을 기념하는 절기를 드리는데 바로 '하누카 축제'입니다.

---

* 묵상질문

지금까지 우리가 살핀 것처럼 8장의 기록은 놀랍게도 실제적 사건을 가리키고 있고 그것들은 매우 정확하고 세밀하게 예언된 것임을 알 수 있습니다. 이렇게 자세하게 예언이 기록된 것이 이상하십니까?

묵시문학을 읽을 때 주의할 점

* Lexio 읽기 / 다니엘 8:15-19
가능하면 오늘의 본문을 먼저 읽는 것이 좋지만 바로 아래 글을 읽어도 좋습니다. 충분히 본문을 이해하도록 배려하며 글을 썼습니다. 혹시 본문을 읽으신 분은 감동이 오는 말씀이나 단어 혹은 느낌을 간단히 적으시면 좋습니다.

> "나 다니엘이 이 환상을 보고 그 뜻을 알고자 할 때에 사람 모양
> 같은 것이 내 앞에 섰고 내가 들은즉 을래 강 두 언덕 사이에서
> 사람의 목소리가 있어 외쳐 이르되 가브리엘아 이 환상을 이 사
> 람에게 깨닫게 하라 하더니"(단8:15-16)

이 환상을 하나님이 보여주신 의미를 하나님은 가브리엘을 통하여 말씀하셨는데 그것은 "세상이 어떻게 끝판날 것인지를 보여주신 것"(공동번역/단8:17)이었습니다. 하지만 우리가 살핀 것처럼 다니엘서의 지나친 구체성 때문에 다니엘서는 B.C. 6세기의 다니엘의 기록이 아니라 B.C. 2세기에 일어났던 것을 경험한 후 기록된 책이라는 의심을 받습니다. 그렇다면 다니엘서는 다니엘의 이름을 빌어 쓴 위경이 될 것이고, 이 책은 가짜 예언서가 될 것이며 다니엘의 다음 말은 작가의 구성으로 전락할 것입니다.

> "그가 내가 선 곳으로 나왔는데 그가 나올 때에 내가 두려워서 얼
> 굴을 땅에 대고 엎드리매 그가 내게 이르되 인자야 깨달아 알라
> 이 환상은 정한 때 끝에 관한 것이니라"(단8:17)

하지만 예언의 지나친 구체성은 문제가 될 수 없습니다. 하나님은 모든 역사를 관통하는 존재이시기 때문입니다. 오히려 하나님이 원하시면 더 구체적으로 얼마든지 계시할 수 있다고 해야 옳습니다. 하지만 주의할 것은 분명히 있습니다. 이러한 구체성은 세대 주의자들의 위험한 해석을 낳을 수 있기 때문입니다. 왜냐하면 역사적으로 확인된 몇 개의 구체성들을 근거로 나머지 사건들이나 숫자 등을 똑같은 방법으로 해석하려 하기 때문입니다. 예를 들어 요한계시록의 666을 상징으로 해석하지 않고 실제로 현재적 상황으로 해석하여 엉뚱하게 종말이 가까웠다는 증거로 사용하는 위험을 범하기 때문입니다.

그러므로 묵시문학에 대한 해석은 주어진 내용을 토대로 정확하게 드러난 것만을 해석해야 하고 지나친 상상력으로 풀어내서는 안 됩니다. 오히려 그것의 구체성보다 그 예언이 담고 있는 의미에 집중하는 것이 중요합니다. 그런 까닭에 가브리엘의 언급에 주의할 필요가 있습니다.

"이 사람아, 보고 깨달아라. 이 환상은 세상이 어떻게 끝판날 것인지를 보여주신 것이다."(공동번역/단8:17)

* 묵상질문
다니엘이 본 환상은 세상 나라가 어떻게 하나님과 멀어지며 종말을 향해 가는지의 일단을 보여준 것이라고 해석해야 옳습니다. 그런 의미에서 어떤 깨달음이 있었습니까?

하나님의 섭리를 기억하라

* Lexio 읽기 / 다니엘 8:26—9:2
가능하면 오늘의 본문을 먼저 읽는 것이 좋지만 바로 아래 글을 읽어도 좋습니다. 충분히
본문을 이해하도록 배려하며 글을 썼습니다. 혹시 본문을 읽으신 분은 감동이 오는 말씀이
나 단어 혹은 느낌을 간단히 적으시면 좋습니다.

> "이미 말한 바 주야에 대한 환상은 확실하니 너는 그 환상을 간직
> 하라 이는 여러 날 후의 일임이라 하더라"(단8:26)

이 말씀은 가브리엘 천사가 해석을 마치면서 강조한 내용입니다. 그렇
다면 여기서 말하는 "주야에 대한 환상"은 무엇입니까? 사실 우리가 이
미 읽은 부분입니다.

> "매일 드리는 제사와 망하게 하는 죄악에 대한 일과 성소와 백성
> 이 내준 바 되며 짓밟힐 일이 어느 때까지 이를꼬 하매 그가 내
> 게 이르되 이천삼백 주야까지니 그 때에 성소가 정결하게 되리
> 라"(단8:13-14)

이것은 적그리스도의 등장과 고통받는 하나님의 백성들에게 임할 환
난에 대한 것입니다. 가브리엘은 바로 이 "주야에 대한 환상"을 언급하
였습니다. 이때 가브리엘 천사가 "이는 여러 날 후의 일"이라는 것을 강
조합니다. 사실 이것이 하나님께서 다니엘에게 환상을 보여주시고, 잘
이해하지 못하는 다니엘을 위해 천사 가브리엘을 통하여 설명하신 이유

입니다.

그렇다면 이와 같은 환상을 보여주실 뿐만 아니라 잘 이해하지 못하는 다니엘에게 그리고 우리에게 설명하시는 이유는 무엇입니까? 그것은 고난과 환난을 당할 때 신앙이 완전히 무너질까 걱정하셨기 때문입니다. 하나님이 우리를 배려하신 것입니다. '환난과 고난이 올 것이다. 하지만 시간은 정해져 있다. 끝날 것이다. 그리고 승리할 것이다.' 그러므로 믿음을 잃지 말라고 말씀하시려 했던 것입니다.

이와 같은 배려의 마음을 다니엘은 이해합니다. 그래서 우리에게 알리기 위하여 묵시 환상을 기록한 것입니다. 드디어 다니엘은 이전에 예레미야 선지자가 예언했던 '70년 포로 생활'도 약속대로 끝날 것을 깨닫습니다. 이미 살핀 것처럼 모든 왕국들이 아무리 강하더라도 영원하지 않을 뿐만 아니라 무너지며 오직 하나님 나라만이 왕성할 것을 이해한 것입니다. 그래서 9장은 바로 그 이야기로 시작합니다.

> "다리오가 갈대아 나라 왕으로 세움을 받던 첫 해... 나 다니엘이
> 책을 통해 여호와께서 말씀으로 선지자 예레미야에게 알려 주신
> 그 연수를 깨달았나니 곧 예루살렘의 황폐함이 칠십 년만에 그
> 치리라 하신 것이니라"(단9:1-2)

* **묵상질문**
우리는 하나님의 섭리 가운데 살고 있습니다. 그러므로 눈에 보이는 현상과 고통에 너무 집착해서는 안 됩니다. 하나님을 추구하므로 그 섭리를 이해하는 것이 중요합니다.

제 7 부

하나님을 움직이는 기도

말씀을 읽다가 깨닫다

* Lexio 읽기 / 다니엘 9:1-2
가능하면 오늘의 본문을 먼저 읽는 것이 좋지만 바로 아래 글을 읽어도 좋습니다. 충분히
본문을 이해하도록 배려하며 글을 썼습니다. 혹시 본문을 읽으신 분은 감동이 오는 말씀이
나 단어 혹은 느낌을 간단히 적으시면 좋습니다.

> "곧 그 통치 원년에 나 다니엘이 책을 통해 여호와께서 말씀으로
> 선지자 예레미야에게 알려 주신 그 연수를 깨달았나니 곧 예루
> 살렘의 황폐함이 칠십 년만에 그치리라 하신 것이니라"(단9:2)

바벨론의 마지막 왕 벨사살의 죽음과 다리오의 등장 앞에 다니엘은
예레미야의 예언을 기억합니다. 예레미야의 예언은 B.C. 605년 느부갓네
살 원년 곧 여호야김 4년에 이미 예언했던 말씀이지만 다니엘이 이 예언
을 정확하게 접한 것은 B.C. 598년경으로 보입니다. 그때는 여호야긴 왕
과 에스겔 등 약 일만 명이 잡혀갔던 바벨론 2차 포로 후 4년이 지난(렘
28:1) 어느 날로 시드기야가 느부갓네살에게 보내는 사신들인 "사반의
아들 엘라사와 힐기야의 아들 그마랴 편"(렘29:3)에 포로들에게 서신을
보냈을 때였을 것입니다.

예레미야의 편지는 포로 생활로 인한 고통과 절망을 느끼고 있던 이
스라엘 백성들에게 주신 하나님의 뜻이었습니다. 더욱이 예레미야의 편
지는 하나님을 대언한 말씀으로 상상을 초월하는 것이었습니다. 바벨론
땅에서 집을 짓고 농사를 지으며(렘29:5) 결혼하고 아이를 낳고 지내라

는(렘29:6) 예언과 함께 그 땅의 평안을 구하며 살라는 말씀이었습니다. 또한 그것과 함께 주어진 중요한 예언이 바로 포로 귀환 계획이었습니다.

> "여호와께서 이와 같이 말씀하시니라 바벨론에서 칠십 년이 차면 내가 너희를 돌보고 나의 선한 말을 너희에게 성취하여 너희를 이 곳으로 돌아오게 하리라"(렘29:10)

다니엘이 기억하고 있는 예레미야의 예언은 바로 이 말씀이었습니다. 그뿐만 아니라 분명히 자신이 잡혀 오던 해에 선포했던 또 다른 예레미야 말씀도 읽었을 것입니다.

> "여호와의 말씀이니라 칠십 년이 끝나면 내가 바벨론의 왕과 그의 나라와 갈대아인의 땅을 그 죄악으로 말미암아 벌하여 영원히 폐허가 되게 하되"(렘25:12)

다니엘은 성경을 읽다가 이 예언이 말하고 있는 포로 생활 70년의 끝이 왔다는 것을 깨달았습니다. 말씀을 읽고 묵상하는 자들에게 주어지는 지혜와 깨달음이었습니다.

* 묵상질문

그 순간 다니엘은 다른 존재로서 삶의 자세를 견지했을 것입니다. 하나님 말씀의 힘입니다. 그러므로 우리가 늘 말씀을 읽고 묵상해야 하는 이유입니다. 잊지 마십시오.

목숨을 걸고서라도 기도한 이유

* Lexio 읽기 / 다니엘 9:3-6
가능하면 오늘의 본문을 먼저 읽는 것이 좋지만 바로 아래 글을 읽어도 좋습니다. 충분히
본문을 이해하도록 배려하며 글을 썼습니다. 혹시 본문을 읽으신 분은 감동이 오는 말씀이
나 단어 혹은 느낌을 간단히 적으시면 좋습니다.

"여호와께서 이와 같이 말씀하시니라 바벨론에서 칠십 년이 차면
내가 너희를 돌보고 나의 선한 말을 너희에게 성취하여 너희를
이 곳으로 돌아오게 하리라"(렘29:10)

다니엘이 말씀을 읽고 묵상(meditatio) 하며 깨닫는 순간 바로 그 깨달음을 가지고 기도(oratio)로 나아갑니다. 더 중요한 것은 70년의 끝에 이르렀으니 이제 당연히 포로 생활에서 놓임을 받는다고 생각하지 않고, 포로 생활의 원인과 의미를 생각하며 기도하기 시작하였습니다.

"내가 금식하며 베옷을 입고 재를 덮어쓰고 주 하나님께 기도하
며 간구하기를 결심하고 내 하나님 여호와께 기도하며 자복하여
이르기를"(단9:3-4)

다니엘이 드린 기도의 첫 마디는 회개였습니다. 다니엘은 정확하게 포로 생활의 의미를 알고 있었기 때문입니다. 하나님의 계획이 예루살렘 귀환이라 할지라도 회개 없이, 변화 없이 무작정 이뤄질 수 없다는 것을 알았기 때문이었을 것입니다. 마치 하나님의 구원 계획이 모든 사람의

구원에 있지만 믿음 없이 불가능한 것과 같이 말입니다.

> "주님, 크고 두려우신 하나님, 하나님을 사랑하여 말씀대로 하는
> 사람들에게는 계약을 어김없이 지키시는 하나님, 우리는 못된
> 일만 하였으며 비뚤어진 짓만 하였습니다."(공동번역/단9:4-5)

다니엘은 예루살렘 멸망의 원인이 된 과거 조상들, 왕들과 선지자들의 잘못으로만 돌리지 않았습니다. 그는 "우리"라는 말로 이 죄에 대한 자신의 책임도 고백합니다.

> "우리가 또 주의 종 선지자들이 주의 이름으로 우리의 왕들과 우
> 리의 고관과 조상들과 온 국민에게 말씀한 것을 듣지 아니하였
> 나이다"(단9:6)

이제 우리는 알게 됩니다. 다리오가 다니엘을 총리로 임명한 것을 못마땅하게 여긴 이들이 그를 죽이려고 음모하였을 때, 그러니까 그가 "조서에 왕의 도장이 찍힌 것을 알고도 자기 집에 돌아가서는 윗방에 올라가 예루살렘으로 향한 창문을 열고 전에 하던 대로 하루 세 번씩 무릎을 꿇고 기도"(단6:10)한 이유 말입니다. 조국의 현실 앞에서 기도는 목숨을 걸고서라도 해야 하는 사명이었던 것입니다.

＊ 묵상질문
목숨을 걸고서라도 기도할 이유를 찾고 또한 기도할 수 있다면 얼마나 아름답고 놀라운 일입니까?

주께는 잘못이 없습니다

* Lexio 읽기 / 다니엘 9:4-12
가능하면 오늘의 본문을 먼저 읽는 것이 좋지만 바로 아래 글을 읽어도 좋습니다. 충분히
본문을 이해하도록 배려하며 글을 썼습니다. 혹시 본문을 읽으신 분은 감동이 오는 말씀이
나 단어 혹은 느낌을 간단히 적으시면 좋습니다.

> "곧 그 통치 원년에 나 다니엘이 책을 통해 여호와께서 말씀으로
> 선지자 예레미야에게 알려 주신 그 연수를 깨달았나니 곧 예루
> 살렘의 황폐함이 칠십 년만에 그치리라 하신 것이니라"(단9:2)

예레미야가 쓴 예언서를 읽고 70년 포로 생활의 연수가 다 찬 것을
깨달은 다니엘이 "금식하며 베옷을 입고 재를 덮어쓰고"(단9:3) 4절부
터 19절에 이르는 기도를 시작합니다. 다니엘의 기도는 우리가 주의
깊게 살펴보고 배워야 할 기도 방법입니다. 이렇게 시작합니다.

> "내 하나님 여호와께 기도하며 자복하여 이르기를 크시고 두려
> 워할 주 하나님, 주를 사랑하고 주의 계명을 지키는 자를 위하여
> 언약을 지키시고 그에게 인자를 베푸시는 이시여"(단9:4)

처음 시작은 하나님이 어떤 분이신지 고백입니다. 하나님은 "주를 사
랑하고 주의 계명을 지키는 자"를 위하여 "언약"(베리트, the covenant),
곧 하나님이 아브라함과 맺은 것과 같은 "언약"을 지키시고 "인자"(헤세
드)를 베푸시는 분이심을 고백합니다. 그럼에도 그동안 우리는 "못된 일

만 하였으며 비뚤어진 짓만 하였고", "하나님을 배신하고 몹쓸 짓을 하고 명령과 법을 어겼"(공동번역/단9:5)다고 인정합니다. 그래서 지금까지 당하고 있는 이스라엘의 포로 생활은 합당한 징벌이며, 얼굴을 들 수 없을 만큼 비참하지만 하나님께서 잘못하신 것은 전혀 없이 옳게 행하셨음을 다니엘은 시인하며 기도합니다.

> "주님, 우리는 지금 이처럼 얼굴을 들 수 없이 되었습니다마는 주께는 잘못이 없습니다."(공동번역/단9:7a)

죄를 인정하고 회개하는 기도가 다니엘이 드린 기도의 전부라고 해도 틀리지 않습니다. 이 기도는 너무 중요합니다. 진실로 하나님은 공의로우시기 때문이고 하나님의 결정은 완전하시기 때문입니다. 그러므로 우리가 하나님께 드릴 수 있는 최고의 기도는 회개입니다. 하나님은 언제나 옳으시기 때문입니다. 하나님이 우리의 기도에 응답하시는 것은 우리의 진실한 회개와 겸비 때문입니다. 이것을 잊지 말아야 합니다.

* 묵상질문
회개할 때 죄를 끄집어내어 나열하고 시인하면 됩니다. 용서와 긍휼은 하나님이 결정하시는 것입니다. 그런 의미에서 회개는 우리가 드릴 수 있는 최고의 기도입니다.

죄만 생각해야 한다

* Lexio 읽기 / 다니엘 9:13–19
가능하면 오늘의 본문을 먼저 읽는 것이 좋지만 바로 아래 글을 읽어도 좋습니다. 충분히
본문을 이해하도록 배려하며 글을 썼습니다. 혹시 본문을 읽으신 분은 감동이 오는 말씀이
나 단어 혹은 느낌을 간단히 적으시면 좋습니다.

> "이렇게 온 이스라엘이 주의 법을 어기고 말씀을 듣지 않아, 죄를
> 얻었습니다. 그리하여 하나님께서는 반드시 내리시겠다고 하신
> 저주를 하나님의 종 모세의 법에 기록되어 있는 대로 우리에게
> 내리셨습니다."(공동번역/단9:11)

"반드시 내리시겠다고 하신 저주", 이를 간과하여 지나쳐서는 안 됩
니다. 신명기 28장에는 대표적인 축복과 저주의 말씀이 들어있습니다.
1절에서 14절까지는 축복의 말씀이지만 15절부터 68절까지 훨씬 더
길게 저주의 말씀을 기록하고 있습니다. 그 시작은 이렇습니다.

> "네가 만일 네 하나님 여호와의 말씀을 순종하지 아니하여 내가
> 오늘 네게 명령하는 그의 모든 명령과 규례를 지켜 행하지 아니
> 하면 이 모든 저주가 네게 임하며 네게 이를 것이니"(신28:15)

우리는 보통 1절에서 14절까지 나오는 축복의 말씀만 읽습니다. 하지
만 다니엘은 15절부터 68절까지 말씀에 주의하였습니다. 그리고 그가
깨달은 것을 말합니다.

"모세의 율법에 기록된 대로 이 모든 재앙이 이미 우리에게 내렸
사오나 우리는 우리의 죄악을 떠나고 주의 진리를 깨달아 우리
하나님 여호와의 얼굴을 기쁘게 하지 아니하였나이다"(단9:13)

다니엘은 이스라엘이 당한 포로 생활과 모든 고통은 하나님의 말씀대
로 살지 아니하고 자신의 뜻대로 살며 죄악을 범한 이스라엘에게서 비
롯된 것임을 고백합니다. 행여나 잘한 것이 있다고 주장하지 않습니다.
오직 하나님의 긍휼에 의지할 뿐이었습니다. 이것이 회개입니다. 죄의
용서를 구할 때, 회개할 때 우리는 우리의 죄만 생각해야 합니다.

"우리가 주 앞에 간구하옵는 것은 우리의 공의를 의지하여 하는
것이 아니요 주의 큰 긍휼을 의지하여 함이니이다"(단9:18b)

단지 다니엘은 아직도 "주의 성과 주의 백성이 주의 이름으로 일컫는
바 됨"(단9:19)을 기억하시고 불쌍히 여겨주실 것을 간구합니다. 그것이
다니엘이 드린 기도의 전부였습니다. 온전한 죄의 인정과 하나님의 긍휼
을 구하는 것, 우리가 드릴 회개 기도의 모범임을 잊지 말아야 합니다.

* 묵상질문
자신의 회개 기도를 돌아보십시오. 다니엘처럼 기도하고 있습니까? 온전히 죄를 인정한
회개입니까?

예배가 전부입니다

* Lexio 읽기 / 다니엘 9:16-21
가능하면 오늘의 본문을 먼저 읽는 것이 좋지만 바로 아래 글을 읽어도 좋습니다. 충분히
본문을 이해하도록 배려하며 글을 썼습니다. 혹시 본문을 읽으신 분은 감동이 오는 말씀이
나 단어 혹은 느낌을 간단히 적으시면 좋습니다.

> "그러하온즉 우리 하나님이여 지금 주의 종의 기도와 간구를 들
> 으시고 주를 위하여 주의 얼굴 빛을 주의 황폐한 성소에 비추시
> 옵소서"(단9:17)

온전히 죄를 인정하고 회개하는 순간, 모든 것이 오직 하나님께 달려
있음을 다니엘이 깨닫습니다. 그런 까닭에 이제 다니엘이 할 수 있는 것
은 '주를 위하여'라는 근거에 기댄 기도였습니다. "주 자신을 위하여"라
는 하나님께 100% 달려 있다는 신앙고백이었습니다.

> "주여 들으소서 주여 용서하소서 주여 귀를 기울이시고 행하소서
> 지체하지 마옵소서 나의 하나님이여 주 자신을 위하여 하시옵소
> 서"(단9:19)

다니엘의 기도는 이스라엘의 회복을 위한 것이 아니었습니다. 그는 이
스라엘의 회복이 아니라 예루살렘 성전 회복이 더 중요하다는 것을 깨
달았습니다. 회개와 긍휼을 구하며 다니엘이 드린 기도의 결론은 성전
회복에 대한 기도였습니다.

"내가 이같이 말하여 기도하며 내 죄와 내 백성 이스라엘의 죄를
자복하고 내 하나님의 거룩한 산을 위하여 내 하나님 여호와 앞
에 간구할 때"(단9:20)

예루살렘 성전이 있는 "하나님의 거룩한 산"을 위하여 기도하는 것은
예배의 회복을 의미합니다. 다니엘은 예배하기를 원한 것입니다. 다시
예배를 드릴 수 있는 기회를 달라는 기도였습니다. 당시 다니엘은 "저녁
제사"를 드리고 있었습니다. 성전이 없기에 현상적으로 제사를 드릴 수
는 없었지만, 그는 마음으로 하나님께 제사를 드리고 있었습니다. 바로
그 저녁 제사 중 기도를 드릴 때 천사 가브리엘이 하나님의 뜻으로 다니
엘을 찾아옵니다.

"곧 내가 기도할 때에 이전에 환상 중에 본 그 사람 가브리엘이
빨리 날아서 저녁 제사를 드릴 때 즈음에 내게 이르더니"(단9:21)

다니엘이 드린 기도의 목적은 '예배하기를 원하는 것'이었습니다. 죄를
범하고 악을 행한 백성이지만 다시 예배할 수 있도록 성전을 회복시켜
달라는 기도였습니다. 그것이 다니엘이 드린 기도의 전부였습니다.

* 묵상질문
예배가 전부라고 기도하며 진정 사모할 수 있다면 모든 것이 다시 시작될 것입니다. 예배
가 전부인 이유입니다.

기도할 때 주시는 깨달음

* Lexio 읽기 / 다니엘 9:20-23
가능하면 오늘의 본문을 먼저 읽는 것이 좋지만 바로 아래 글을 읽어도 좋습니다. 충분히 본문을 이해하도록 배려하며 글을 썼습니다. 혹시 본문을 읽으신 분은 감동이 오는 말씀이나 단어 혹은 느낌을 간단히 적으시면 좋습니다.

"곧 내가 기도할 때에 이전에 환상 중에 본 그 사람 가브리엘이
빨리 날아서 저녁 제사를 드릴 때 즈음에 내게 이르더니"(단9:21)

다니엘이 저녁 제사 중 기도할 때 하나님께서 가브리엘을 다니엘에게 보내셨습니다. 하나님이 보내신 이유는 "지혜와 총명"(단9:22)을 주시기 위함이었습니다. 다니엘은 이것을 달라고 기도하지 않았습니다. 그는 회개와 하나님의 긍휼 그리고 성전 제사의 회복을 구했었습니다. 그것도 오로지 "주 자신을 위하여" 역사하실 것을 기도한 것뿐이었습니다. 그런데 하나님이 허락하신 것입니다.

개역개정성경은 "지혜와 총명을 주려고 나왔나니"로 번역했지만 히브리어 성경을 그대로 읽으면 '지혜롭게 하여 깨닫게(비나) 하려고 왔다'라는 의미입니다. 그런 의미에서 〈현대인의성경〉을 주목할 필요가 있습니다.

"다니엘아, 내가 여기에 온 것은 너를 도와 하나님의 계획을 깨닫게 하기 위해서이다."(현대인의성경/단9:22)

가브리엘은 이후 하나님의 계획을 말합니다. 24절부터 27절까지 기록된 회복과 종말의 전 역사입니다. 놀라운 비밀이었습니다. 주목할 것은 하나님이 이것을 알리고자 한때가 다니엘이 기도를 시작할 때라는 점입니다.

> "곧 네가 기도를 시작할 즈음에 명령이 내렸으므로 이제 네게 알리러 왔느니라 너는 크게 은총을 입은 자라 그런즉 너는 이 일을 생각하고 그 환상을 깨달을지니라"(단9:23)

다니엘이 기도할 때, 그것도 온전한 회개와 하나님의 긍휼을 구하고, 예배를 사모하며 모든 것의 주권이 하나님께 있음을 인정하며 기도할 때 나타난 일이었습니다. 그리고 그 응답이 바로 '하나님의 계획에 대한 깨달음'이었습니다.

이와 같이 깨달음을 주신 이유는 하나님의 계획에 다니엘을 참여시키고 그가 주도하게 하려 함이었습니다. 15살 즈음 포로로 잡혀온 다니엘이 80살이 넘어 예레미야 예언의 성취를 보고 그 길을 가르치는 놀라운 역할로 하나님이 부르신 것입니다. 한 개인의 삶이 나라와 역사 전체에 이토록 영향을 미치고 참여할 수 있다는 사실이 놀랍기만 합니다.

---

* 묵상질문

우리의 기도는 단순하지 않습니다. 기도할 때 하나님이 허락하시는 깨달음이 있기 때문입니다. 잊지 마십시오.

- -

- -

70년은 안식년이었다

* Lexio 읽기 / 다니엘 9:23-24
가능하면 오늘의 본문을 먼저 읽는 것이 좋지만 바로 아래 글을 읽어도 좋습니다. 충분히
본문을 이해하도록 배려하며 글을 썼습니다. 혹시 본문을 읽으신 분은 감동이 오는 말씀이
나 단어 혹은 느낌을 간단히 적으시면 좋습니다.

> "곧 네가 기도를 시작할 즈음에 명령이 내렸으므로 이제 네게 알
> 리러 왔느니라 너는 크게 은총을 입은 자라 그런즉 너는 이 일을
> 생각하고 그 환상을 깨달을지니라"(단9:23)

다니엘이 드린 기도의 응답으로 하나님은 미래를 계시하셨습니다. 우
선 포로 생활의 끝을 말씀하셨습니다.

> "네 백성과 네 거룩한 성을 위하여 일흔 이레를 기한으로 정하였
> 나니 허물이 그치며 죄가 끝나며 죄악이 용서되며 영원한 의가
> 드러나며 환상과 예언이 응하며 또 지극히 거룩한 이가 기름 부
> 음을 받으리라"(단9:24)

정확하게 하나님은 "네 백성과 네 거룩한 성을 위하여 일흔 이레를 기
한으로 정하였"다고 말씀하십니다. 대상이 "네 백성과 네 거룩한 성"이
라는 표현을 볼 때, 우선 일흔이란 숫자는 예레미야가 예언한 70년 포
로 생활을 말하는 것으로 보입니다.

포로 생활 중 70년이란 숫자는 이스라엘에게 매우 중요한 의미를 갖습니다. 특히 역대기서를 주의하며 살펴야 합니다. 역대기서의 저자가 에스라라는 주장이 있지만, 이스라엘의 족보를 열거하는 중 역대기 3장에 등장하는 스룹바벨에 대한 기록과 스룹바벨의 두 손자 블라댜와 여사야, 사드락이라 불린 하나냐의 자손들(대상3:21) 등의 기록을 중요하게 살펴봐야 합니다. 이는 역대상·하가 포로기와 귀환 이후 쓰였다는 것을 의미하기 때문입니다.

이런 이해를 가지고 역대기를 볼 때 이스라엘 백성들은 칠십 년의 포로 생활을 다르게 이해하였는데 바로 안식년이란 이해입니다. 알다시피 안식년은 7년을 의미하고 희년은 안식년을 일곱 번 지낸 후인 50년을 말하는데, 역대기 기자는 문자적으로 70년을 안식년으로 해석했습니다.

> "이에 토지가 황폐하여 땅이 안식년을 누림 같이 안식하여 칠십
> 년을 지냈으니 여호와께서 예레미야의 입으로 하신 말씀이 이루
> 어졌더라"(대하36:21)

70년에 대한 새로운 이해입니다. 나라의 입장에서는 황폐의 시간이었지만 하나님의 땅의 회복과 하나님과의 관계에 있어서 70년은 회복을 말하는 안식년으로 해석한 것입니다.

* 묵상질문
70년은 황폐가 아니라 회복과 안식의 시간이었습니다. 다니엘이 첫 번째 알게 된 깨달음이었습니다.

종말을 보는 눈이 열린다면

* Lexio 읽기 / 다니엘 9:24
가능하면 오늘의 본문을 먼저 읽는 것이 좋지만 바로 아래 글을 읽어도 좋습니다. 충분히
본문을 이해하도록 배려하며 글을 썼습니다. 혹시 본문을 읽으신 분은 감동이 오는 말씀이
나 단어 혹은 느낌을 간단히 적으시면 좋습니다.

> "이에 토지가 황폐하여 땅이 안식년을 누림 같이 안식하여 칠십
> 년을 지냈으니 여호와께서 예레미야의 입으로 하신 말씀이 이루
> 어졌더라"(대하36:21)

앞에서 우리는 "칠십"에 강조점을 두고 '이스라엘 백성과 예루살렘 성
전'만 생각하면서 70년 안식년으로 이해하는 해석을 살폈습니다.

하지만 24절은 또 다른 깊이의 예언을 담고 있습니다. 특히 "일흔 이
레" 곧 '칠십의 칠'을 기록하기 때문입니다. '칠십의 칠'을 정확한 숫자로
이해하는 것은 위험합니다. 대신에 '칠십의 칠'은 완전한 수의 개념으로
이해하는 것이 옳습니다.

역대하의 기록을 참조하면 '칠십의 칠'은 황폐함의 끝과 함께 완전한
회복이 이뤄지는 때를 말한다고 볼 수 있습니다. 즉 모든 죄가 용서되며
영원한 의가 드러나는 동시에 하나님 나라가 시작되는 종말을 말한다고
할 수 있습니다.

"네 백성과 네 거룩한 성을 위하여 일흔 이레를 기한으로 정하였
나니 허물이 그치며 죄가 끝나며 죄악이 용서되며 영원한 의가
드러나며 환상과 예언이 응하며 또 지극히 거룩한 이가 기름 부
음을 받으리라"(단9:24)

'그때 죄가 끝나고 죄악이 용서되며 영원한 의가 드러나고 지극히 거
룩한 이가 거룩하게 되는 일이 일어나게 될 것이다!' 이 부분을 해석할
때 많은 학자들이 "지극히 거룩한 이가 기름 부음" 받는다는 표현을 고
레스로 특정합니다. 물론 이사야서는 고레스를 "그의 기름 부음을 받
은 고레스"(사45:1)로 표기하긴 하지만, 고레스를 "지극히 거룩한 이"라
고 말할 수는 없습니다. 이 부분을 히브리어 성경은 "코데쉬 카다쉼'으로
쓰는데 직역하면 '거룩한 자들 중의 거룩한 자'란 뜻으로 가장 거룩하
신 분을 지칭할 때 쓸 수 있는 표현입니다. 그런 까닭에 24절은 죄의 종
말과 영원한 의가 이뤄지는 때 곧 종말을 말하며 그때 심판주로 오시는
거룩한 예수 그리스도의 도래를 말한다고 해야 맞습니다.

다니엘이 본 것은 마지막 날에 이뤄질 종말론적 예언이었습니다. 이러
한 역사를 거시적으로 보는 시각이 다니엘의 삶의 깊이와 넓이를 결정
했을 것입니다.

* 묵상질문
만일 우리 시선이 하나님의 심판을 보고 있고 종말을 인지하고 있다면 우리는 어떤 삶의
태도를 갖게 되겠습니까?

일곱 이레의 성취

> "네 백성과 네 거룩한 성을 위하여 일흔 이레를 기한으로 정하였
> 나니 허물이 그치며 죄가 끝나며 죄악이 용서되며 영원한 의가
> 드러나며 환상과 예언이 응하며 또 지극히 거룩한 이가 기름 부
> 음을 받으리라"(단9:24)

24절이 인류 전체 역사를 종말론적 관점에서 쓴 것이라면 나머지 25절
에서 27절은 그날들을 세분하여 설명한 것입니다. 하나님은 가브리엘을
통하여 "일흔 이레"를 셋으로 곧 "일곱 이레와 예순두 이레"(단9:25) 그리
고 마지막 "한 이레"(단9:27)로 나뉘어 설명하였습니다.

> "예루살렘을 중건하라는 영이 날 때부터 기름 부음을 받은 자 곧
> 왕이 일어나기까지 일곱 이레와 예순두 이레가 지날 것이요 그
> 곤란한 동안에 성이 중건되어 광장과 거리가 세워질 것이며"
> (단9:25)

우선 "일곱 이레와 예순두 이레"(단9:25) 후에 벌어지는 사건은 역사
적으로 일어난 것임을 확인할 수 있습니다. 예레미야는 "바벨론에서 칠

150

십 년이 차면"(렘29:10) 다시 돌아오게 될 것을 예언했는데 그때는 "시드기야 왕 열째 해"(렘32:1)에 벌어진 일입니다. 바로 느부갓네살에 의해 남유다가 멸망한 해입니다(B.C. 587년). 그때에 하나님이 예레미야를 통하여 하나님께서 다시 돌아오게 될 것 곧 예루살렘의 회복을 예언하셨습니다.

> "베냐민 땅과 예루살렘 사방과 유다 성읍들과 산지의 성읍들과
> 저지대의 성읍들과 네겝의 성읍들에 있는 밭을 은으로 사고 증
> 서를 기록하여 봉인하고 증인을 세우리니 이는 내가 그들의 포
> 로를 돌아오게 함이니라 여호와의 말씀이니라"(렘32:44)

"너희가 돌아가 예루살렘을 재건하리라는 말씀이 계신 때"(공동번역/단9:25)는 예레미야가 예언한 시드기야 10년, B.C. 587년을 말하고, "기름 부어 세운 영도자가 오기까지"(공동번역/단9:25)는 페르시아의 고레스가 통치를 시작하고 예루살렘 재건 명령을 내린 고레스 원년, B.C. 537년 혹은 538년으로 "일곱 이레"(7X7=49) 후임을 알 수 있습니다.

> "바벨론 왕 고레스 원년에 고레스 왕이 조서를 내려 하나님의 이
> 성전을 다시 건축하게 하고"(스5:13)

* 묵상질문
하나님의 계획은 한 치의 오차 없이 진행됩니다. 이 사실에서 깨닫게 되는 것은 무엇입니까?

예순두 이레 후에

* Lexio 읽기 / 다니엘 9:25-26
가능하면 오늘의 본문을 먼저 읽는 것이 좋지만 바로 아래 글을 읽어도 좋습니다. 충분히
본문을 이해하도록 배려하며 글을 썼습니다. 혹시 본문을 읽으신 분은 감동이 오는 말씀이
나 단어 혹은 느낌을 간단히 적으시면 좋습니다.

> "예루살렘을 중건하라는 영이 날 때부터 기름 부음을 받은 자 곧
> 왕이 일어나기까지 일곱 이레와 예순두 이레가 지날 것이요 그
> 곤란한 동안에 성이 중건되어 광장과 거리가 세워질 것이며 예
> 순두 이레 후에 기름 부음을 받은 자가 끊어져 없어질 것이며"
>
> (단9:25-26)

이 말씀의 "일곱 이레와 예순두 이레"는 연속적인 사건으로 해석하기
보다 각기 다른 사건으로 해석하는 것이 옳습니다. 이 말씀에서 중요한
것은 "예순두 이레 후에 기름 부음을 받은 자가 끊어져 없어질 것이며"
라는 예언입니다. '끊어져 없어진다.' 죽는다는 말로 "기름 부음을 받은
자" 히브리어 성경은 '마쉬아흐', 곧 메시아를 말합니다. 그러니까 예수
그리스도께서 십자가에서 돌아가신 30년 즈음을 말합니다.

이 말씀이 약간 혼란스러운 것은 고레스라고 설명한 "기름 부음을 받
은 자"(단9:25)와 같은 단어 '마쉬아흐'를 쓰기 때문이지만, 일반적으로
'마쉬아흐'는 예수님을 지칭하는 단어로 고유명사 '메시아'로도 쓰이고
일반명사 '기름 부음 받은 자'란 의미로도 쓰입니다. 그런 점에서 고레스

역시 '마쉬아흐'라는 일반명사로 사용한 것입니다.

> "여호와께서 그의 기름 부음을 받은(마쉬아흐) 고레스에게 이같이
> 말씀하시되"(사45:1)

본문에서 말하는 "예순두 이레"의 시점이 정확하게 언제인지 특정할 수 없지만 중요한 것은 이어지는 예언입니다.

> "예순두 이레 후에 기름 부음을 받은 자가 끊겨져 없어질 것이며
> 장차 한 왕의 백성이 와서 그 성읍과 성소를 무너뜨리려니와 그
> 의 마지막은 홍수에 휩쓸림 같을 것이며 또 끝까지 전쟁이 있으
> 리니 황폐할 것이 작정되었느니라"(단9:26)

메시아 예수 그리스도의 죽음(A.D. 30년) 이후 "장차 한 왕의 백성"이 와서 예루살렘 성과 성전을 파괴하는 일이 벌어진다는 것은 로마의 티투스 장군에 의한 A.D. 70년 예루살렘 파괴를 말합니다. 그러므로 "예순두 이레"와 "후에"라는 표현은 성전의 재건과 파괴 그리고 종말의 시기가 이어지는 때를 말하고 있음을 알 수 있습니다.

* **묵상질문**
"예순두 이레" 후에 벌어질 일입니다. "종말이 홍수처럼 닥쳐올 것이다."(공동번역/단9:26) 그러므로 그날을 기다리며 깨어있어야 합니다. 그것이 옳습니다.

_____

_____

한 이레의 의미

* Lexio 읽기 / 다니엘 9:26-27
가능하면 오늘의 본문을 먼저 읽는 것이 좋지만 바로 아래 글을 읽어도 좋습니다. 충분히
본문을 이해하도록 배려하며 글을 썼습니다. 혹시 본문을 읽으신 분은 감동이 오는 말씀이
나 단어 혹은 느낌을 간단히 적으시면 좋습니다.

> "예순두 이레 후에 기름 부음을 받은 자가 끊어져 없어질 것이며
> 장차 한 왕의 백성이 와서 그 성읍과 성소를 무너뜨리려니와...
> 또 끝까지 전쟁이 있으리니 황폐할 것이 작정되었느니라"(단9:26)

"일흔 이레" 중 "일곱 이레"는 이스라엘의 멸망과 고레스 왕까지를 말
하고 "예순두 이레"와 "후에"는 포로 귀환과 성전 재건과 회복 그리고
예수 그리스도의 죽음과 성전의 파괴까지 역사를 예언한 부분입니다.
이제 남은 것은 "한 이레"입니다.

"한 이레"와 "예순두 이레" 그리고 그 "후에" 벌어지는 일을 하나님은
이렇게 표현하였습니다.

> "또 끝까지 전쟁이 있으리니 황폐할 것이 작정되었느니라"
> (단9:26b)

이어 "한 이레" 동안의 일들을 27절에 기록합니다. 여기서 말하는 "그
가"를 예루살렘을 멸망시킨 티투스인지 그리스도인지 학자들의 의견이

나뉘기도 하지만 그리스도라고 보는 것에는 문제가 있습니다. "그가 그 이레의 절반에 제사와 예물을 금지할 것이며 또 포악하여 가증한 것이 날개를 의지하여 설 것이며"(단9:27)라고 기록하기 때문입니다.

오히려 27절은 "예순두 이레 후에" 곧 "한 이레"로 상징되는 종말까지 이야기를 축약해서 설명하고 있는 것으로 보입니다. 그것을 알 수 있는 중요한 단서는 "포악하여 가증한 것이 날개를 의지하여 설 것이며"란 구절입니다. 그리고 이 구절은 주님이 제자들에게 종말의 징조를 설명하실 때 쓰신 다니엘서의 구절과도 같습니다.

> "그제야 끝이 오리라 그러므로 너희가 선지자 다니엘이 말한 바 멸망의 가증한 것이 거룩한 곳에 선 것을 보거든(읽는 자는 깨달을진저)"(마24:14b-15)

9장 27절은 실제적인 다니엘서의 마지막 결론으로 볼 수 있으며, "칠십 이레"의 마지막 부분 "한 이레"를 설명하고 있는 것입니다. 그리고 이어지는 10장에서 12장까지는 다니엘서의 부록으로 페르시아와 그리스 이후 벌어진 전쟁의 역사를 기록한 것으로 보입니다.

* 묵상질문

다니엘에게 들려준 포로 시작부터 종말에 이르기까지 예언을 읽으면서 어떤 깨달음이 오십니까?

하나님이 섭리하신다

* Lexio 읽기 / 다니엘 10:1-3
가능하면 오늘의 본문을 먼저 읽는 것이 좋지만 바로 아래 글을 읽어도 좋습니다. 충분히 본문을 이해하도록 배려하며 글을 썼습니다. 혹시 본문을 읽으신 분은 감동이 오는 말씀이나 단어 혹은 느낌을 간단히 적으시면 좋습니다.

"바사 왕 고레스 원년에 여호와께서 예레미야의 입을 통하여 하신 말씀을 이루게 하시려고 바사 왕 고레스의 마음을 감동시키시매 그가 온 나라에 공포도 하고 조서도 내려 이르되 바사 왕 고레스는 말하노니 하늘의 하나님 여호와께서 세상 모든 나라를 내게 주셨고 나에게 명령하사 유다 예루살렘에 성전을 건축하라"(스1:1-2)

고레스 왕 원년에 이스라엘 백성들의 예루살렘 귀환령이 선포됩니다. 그때 스룹바벨과 예수아를 중심으로 약 5만 명의 1차 귀환이 이루어집니다. 그것은 전적으로 하나님의 역사였습니다. 이 엄청난 감격의 귀환에 고령이었던 다니엘은 함께 하지 못했습니다.

그 후 약 2년여의 시간이 지납니다. 그런데 예루살렘에서 성전을 건축하는 일은 지체되었습니다. 예루살렘을 떠나있던 70년 동안 새롭게 형성된 지역 세력들의 방해 때문이었습니다. 처음 그들은 같이 성전을 건축하자는 제의를 해왔었습니다(스4:1-2). 하지만 스룹바벨과 예수아는 단호히 거절합니다(스4:3). 그때부터 방해가 시작됩니다. 그들은 페르시아의 왕 아닥사스다에게 이스라엘을 모함하는 상소를 올렸고, 이 때문에 성전 건축은 중지됩니다(스4:18-24).

다니엘은 예루살렘의 이 같은 심각한 상황을 들었을 것입니다. 그래서 고레스 3년(단10:1)에 다니엘이 3주간 동안 금식하며 기도한 것으로 보입니다(단10:2-3). 그때 "한 사람"(단10:5)으로 묘사되는 천사가 나타나는데, 그 천사는 다니엘에게 "큰 전쟁"에 관한 환상을 보여줍니다.

> "바사 왕 고레스 제삼년에 한 일이 벨드사살이라 이름한 다니엘에게 나타났는데 그 일이 참되니 곧 큰 전쟁에 관한 것이라 다니엘이 그 일을 분명히 알았고 그 환상을 깨달으니라"(단10:1)

나중에 확인하게 되겠지만 "큰 전쟁에 관한 것"은 이후 벌어질 세계 역사에 관한 환상이었습니다. 예루살렘의 일로 고민하고 기도하는 다니엘에게 하나님이 보여주신 것은 세계 역사였습니다. 이것은 하나님이 역사를 섭리하신다는 메시지였습니다.

---

* 묵상질문

기도는 중요합니다. 우리의 기도의 넓이보다 더 넓고 깊은 계시를 드러내어 말씀하시기 때문입니다. 그때 우리의 시선은 교정될 것입니다. 우리의 시선과 하나님의 시선은 분명히 다르기 때문입니다.

하나님을 움직이는 기도

* Lexio 읽기 / 다니엘 10:4-12
가능하면 오늘의 본문을 먼저 읽는 것이 좋지만 바로 아래 글을 읽어도 좋습니다. 충분히
본문을 이해하도록 배려하며 글을 썼습니다. 혹시 본문을 읽으신 분은 감동이 오는 말씀이
나 단어 혹은 느낌을 간단히 적으시면 좋습니다.

> "그 때 나 다니엘은 삼 주간 동안 고행을 하고 있었다. 맛있는 음
> 식을 먹지 않았고 고기나 포도주도 입에 대지 않았으며, 머리에
> 는 기름을 바르지 않은 채 예정된 삼 주간을 채웠다."
>
> (공동번역/단10:2-3)

다니엘은 예루살렘에서 성전 건축이 지체되는 것을 위해 금식하며 기도하고 있었던 것으로 보입니다. 그때 "한 사람"(단10:5)으로 묘사되는 천사가 나타났습니다. 그리고 앞으로 일어날 놀라운 비밀을 계시합니다.

우리는 '어떻게 다니엘에게만 이런 은총을 주시는가?'라는 질문을 던질 수 있습니다. 하지만 다니엘은 그 은총을 받을만합니다. 최소 우리들과는 다르기 때문입니다. 단순히 그가 금식하고 슬퍼하며 음식을 먹지 않으며 몸에 기름을 바르지 않기 때문이 아닙니다. 그렇다면 무엇 때문입니까? 우선 2절에서 3절에서 다니엘이 보인 모습은 무엇을 말하는지를 생각해 보십시오.

우리는 이러한 다니엘의 모습을 간절함이나 치열함 혹은 강력한 간구

의 표현으로 이해합니다. 마치 과거 우리 신앙의 선배들이 소나무 뿌리를 뽑기까지 기도하던 강력한 요청 같은 것으로 이해하듯이 말입니다. 하지만 아니었습니다. 다니엘의 기도는 우리가 아는 내용이 아니었습니다. 분명 간절했고 강력했지만, 우리가 아는 모습이 아니었습니다. 그것을 하나님은 보셨던 것입니다. "한 사람"으로 묘사되는 천사의 얘기를 들어보면 알 수 있습니다.

> "다니엘아 두려워하지 말라 네가 깨달으려 하여 네 하나님 앞에
> 스스로 겸비하게 하기로 결심하던 첫날부터 네 말이 응답 받았
> 으므로 내가 네 말로 말미암아 왔느니라"(단10:12)

다니엘의 기도와 간구는 강력한 간구가 아니라 "겸비"였습니다. 곧 내려놓음이었고 하나님의 절대 주권을 인정하는 것이었습니다. 그것에 하나님이 응답하신 것입니다.

* **묵상질문**

우리는 우리의 뜻을 주장하고 세게, 강하게 간구하는 것을 기도의 좋은 방법으로 알고 있지만 사실은 내려놓음, 곧 겸비가 하나님을 움직이는 기도임을 잊지 말아야 합니다.

함부로 해석하지 말 것

* Lexio 읽기 / 다니엘 10:13-21
가능하면 오늘의 본문을 먼저 읽는 것이 좋지만 바로 아래 글을 읽어도 좋습니다. 충분히
본문을 이해하도록 배려하며 글을 썼습니다. 혹시 본문을 읽으신 분은 감동이 오는 말씀이
나 단어 혹은 느낌을 간단히 적으시면 좋습니다.

> "다니엘아... 네가 깨달으려 하여 네 하나님 앞에 스스로 겸비하
> 게 하기로 결심하던 첫날부터 네 말이 응답 받았으므로 내가 네
> 말로 말미암아 왔느니라"(단10:12)

이미 9장에서 하나님은 가까운 미래부터 마지막 종말까지 예언을 모
두 하셨습니다. 그럼에도 불구하고 하나님이 천사를 보내어 계시하신
것은 다니엘의 기도에 대한 응답이었습니다. 그런데 그 계시된 예언은
이해하기 힘듭니다. 우선 계시를 전하는 천사의 모습조차 상상을 초월
하는 모습이었습니다.

> "한 사람이 세마포 옷을 입었고 허리에는 우바스 순금 띠를 띠었
> 더라 또 그의 몸은 황옥 같고 그의 얼굴은 번갯빛 같고 그의 눈
> 은 횃불 같고 그의 팔과 발은 빛난 놋과 같고 그의 말소리는 무
> 리의 소리와 같더라"(단10:5-6)

천사는 요한계시록에서 묘사되는 예수 그리스도의 모습처럼(계1:12-
16) 인간의 지식으로는 도무지 해석할 수 없었습니다. 그것만이 아니었

습니다. 도무지 우리가 이해할 수 없는 그림 언어와 상징으로 말하였습니다. 우리가 만난 적이 없는 천사 "미가엘"(단10:21)이나 "페르시아 왕국의 천사장이 스무하루 동안 내 앞을 막았다"(새번역/단10:13)라는 이야기나 온통 우리의 지식으로는 이해할 수 없는 이야기를 풀어 말합니다.

단순히 인간이 알 수 있는 모습의 현상이 아니라 하늘의 모습으로 그냥 드러내신 것임을 알 수 있습니다. 그것은 하나님을 만나는 것과 같은 것이었습니다. 다니엘은 도무지 이해할 수 없었습니다. 다니엘은 "얼굴을 땅에 향하고 말문이 막혔"(단10:15)을 뿐입니다.

> "천사님, 제가 환상을 보고 충격을 받고, 맥이 모두 **빠져** 버렸습니다. 이제 힘이 다 **빠져** 버리고, 숨도 막힐 지경인데"
> (새번역/단10:16-17).

* 묵상질문
천사의 모습이나 전달하는 하나님의 계시까지 그동안 감춰진 것의 드러남이었습니다. 다니엘에게 나타나 말씀하시는 묵시적 사건 자체가 곧 메시지인 것입니다. 11장에 나오는 "큰 전쟁" 이야기조차 하나님의 계획의 지극히 일부분이었습니다. 우리가 아는 것이 전부가 아니며 계시하고 설명하는 것조차 지극히 일부분이라는 뜻입니다. 그러므로 인간의 이성으로 묵시를 함부로 해석하는 것은 주의해야 합니다. 잊지 마십시오.

제 8 부

종말론적 삶을 즐기라

예언의 정확성과 구체성

* Lexio 읽기 / 다니엘 11:1-4

가능하면 오늘의 본문을 먼저 읽는 것이 좋지만 바로 아래 글을 읽어도 좋습니다. 충분히 본문을 이해하도록 배려하며 글을 썼습니다. 혹시 본문을 읽으신 분은 감동이 오는 말씀이나 단어 혹은 느낌을 간단히 적으시면 좋습니다.

다니엘서 10장과 달리 11장은 충분히 오늘 우리가 이해할 수 있는 내용입니다. 당시 다니엘에게는 가까운 미래라 할지라도 아직 도래하지 않은 것이어서 이해가 힘들었겠지만, 오늘 우리는 역사를 보면서 이 묵시를 보기 때문입니다.

사실 모든 예언서가 그렇지만 예언된 사건은 지나고 나서야 그때 들은 예언이 무엇을 의미하는지를 비로소 알 수 있습니다. 그런 관점에서 다니엘서 11장은 읽어야 합니다. 다니엘이 본 미래에 대한 예언은 기막히도록 정확했습니다.

> "그 후의 넷째는 그들보다 심히 부요할 것이며 그가 그 부요함으로 강하여진 후에는 모든 사람을 충동하여 헬라 왕국을 칠 것이며"(단11:2)

앞에서도 살폈지만 페르시아의 강력한 왕, 영화 '300'에 나오는 왕 크세르크세스 1세를 말합니다. 100만 대군을 이끌고 그리스(헬라 왕국)를 침공할 만큼 강력했습니다. 하지만 스파르타의 저지로 그의 세력이 주춤하였고 B.C. 480년 살라미스 해전에서 패하면서 세력을 잃습니다. 그 후 그리스가 세계 패권을 얻는데 그 인물이 바로 알렉산더 대왕입니다. 다니엘서는 그를 "장차 한 능력 있는 왕"으로 기록하였습니다.

> "장차 한 능력 있는 왕이 일어나서 큰 권세로 다스리며 자기 마음
> 대로 행하리라 그러나 그가 강성할 때에 그의 나라가 갈라져 천
> 하 사방에 나누일 것이나"(단11:3-4)

알렉산더 대왕은 B.C. 336년 20세의 나이로 마케도니아의 왕이 되었고 33살 죽기까지 세계를 지배하였습니다. 이어 자신의 이복형과 아들에게 왕국을 물려주지만 모두 암살당했고 제국은 네 등분되어 자신의 부하 장군들에 의해 분할 통치됩니다. 다니엘이 본 대로 알렉산더가 통치하던 대제국이 넷으로 분할된 것입니다.

다니엘이 듣고 있는 예언의 내용입니다. 예루살렘 성전 건축이 지연되고 있는 것을 걱정하며 기도하고 있던 다니엘에게 보여준 것은 세계 역사에 대한 예언이었습니다.

* 묵상질문
우리는 바로 눈앞에 벌어지는 것에 집착합니다. 그것을 넘어서는 방법은 하나님 안에 거할 때입니다.

하나님이 주관하고 계시다

* Lexio 읽기 / 다니엘 11:5-20
가능하면 오늘의 본문을 먼저 읽는 것이 좋지만 바로 아래 글을 읽어도 좋습니다. 충분히
본문을 이해하도록 배려하며 글을 썼습니다. 혹시 본문을 읽으신 분은 감동이 오는 말씀이
나 단어 혹은 느낌을 간단히 적으시면 좋습니다.

"남방의 왕은 강할 것이나 그 군주들 중 하나는 그보다 강하여 권
세를 떨치리니 그의 권세가 심히 클 것이요"(단11:5)

남방의 왕들이란 이집트의 톨레미 1세와 시리아의 셀류쿠스 1세를 말
합니다. 처음 시리아와 팔레스틴 지역을 통치하려던 셀류쿠스가 알렉산
더의 또 다른 장군 안티고누스에 의해 침공 받았을 때 셀류쿠스는 잠
시 이집트의 톨레미에게 피신해 있었습니다. 하지만 톨레미의 도움으로
B.C. 301년 입수스 전쟁에서 안티고누스가 패배하자 셀류쿠스는 시리
아, 팔레스틴을 중심으로 한 셀류쿠스 왕조를 열었습니다. 하지만 이후
톨레미가 팔레스틴을 침공함으로 두 나라는 앙숙 관계로 변합니다.

"몇 해 후에 그들이 서로 단합하리니 곧 남방 왕의 딸이 북방 왕
에게 가서 화친하리라 그러나 그 공주의 힘이 쇠하고 그 왕은 서
지도 못하며 권세가 없어질 뿐 아니라 그 공주와 그를 데리고 온
자와 그를 낳은 자와 그 때에 도와 주던 자가 다 버림을 당하리
라"(단11:6)

톨레미 1세가 죽고 난 후 아들 톨레미 2세는 셀류쿠스 집안과 화해를 시도하였고, 그 결과로 그의 딸 베레니케(남방 왕의 딸/그 공주)와 셀류쿠스의 손자 안티오쿠스 2세가 결혼합니다. 안티오쿠스는 이 결혼을 위해 부인이었던 라오디케와 이혼하였습니다. 그것이 화근이었습니다. 후에 안티오쿠스가 원래 부인 라오디케와 화합을 시도하지만 라오디케의 반란으로 안티오쿠스와 베레니케 그리고 둘 사이에서 난 아들이(그 공주와 그를 데리고 온 자와 그를 낳은 자) 목숨을 잃습니다. 그리고 라오디케는 자신의 아들 셀류쿠스 2세를 왕으로 세우고 섭정을 시작합니다. 이 이야기가 지금 우리가 읽고 있는 다니엘서 11장의 이야기입니다.

이러한 예언의 정확성 때문에 일부 학자들은 다니엘서를 그 당시가 아닌 후대에 일어난 역사를 보고 기록한 책이라고 주장하기도 합니다. 그만큼 정확하기 때문입니다. 그러나 중요한 것은 모든 역사를 하나님이 섭리하시고 계시다는 사실입니다. '역사를 하나님이 주관하고 계시다!' 우리가 알아야 할 이야기입니다.

* 묵상질문

'하나님이 세계 역사를 주관하고 계시다.' 이것을 기억하고 믿을 때 우리는 어떤 삶의 태도를 갖게 되겠습니까?

비천한 사람이 왕이 되다

* Lexio 읽기 / 다니엘 11:21-35

가능하면 오늘의 본문을 먼저 읽는 것이 좋지만 바로 아래 글을 읽어도 좋습니다. 충분히 본문을 이해하도록 배려하며 글을 썼습니다. 혹시 본문을 읽으신 분은 감동이 오는 말씀이나 단어 혹은 느낌을 간단히 적으시면 좋습니다.

> "또 그의 왕위를 이을 자는 한 비천한 사람이라 나라의 영광을 그에게 주지 아니할 것이나 그가 평안한 때를 타서 속임수로 그 나라를 얻을 것이며"(단11:21)

라오디케는 어린 아들 셀류쿠스 2세를 대신하여 섭정을 하였고, 이후 그의 장남 셀류쿠스 3세가 왕위에 오르지만 3년 만에 암살당합니다. 그리고 셀류쿠스 2세의 차남이었던 안티오쿠스 3세가 왕위에 오릅니다. 그는 18세 나이로 왕위에 올라 야심찬 통치를 하며 숙적 이집트의 톨레미와 전쟁을 벌이지만 예상치 못한 세력은 로마였습니다. 로마가 세계의 중심에 서기 시작했던 시기였습니다. 안티오쿠스 3세는 셋째 아들 안티오쿠스 4세를 로마에 인질로 보내야 했습니다. 이어 셀류쿠스 4세가 왕위에 오르지만 암살당하였고 아들 안티오쿠스가 왕위를 이어받습니다. 그즈음 로마의 인질로 있었던 안티오쿠스 4세가 돌아와 자신과 이름이 같은 조카 안티오쿠스를 도와 5년 동안 섭정을 합니다. 그러다가 갑자기 조카 안티오쿠스가 죽습니다. (그가 평안한 때를 타서 속임수로 그 나라를 얻을 것이며/단11:21) 그리고 그가 왕위에 오르는데, 다니엘서 11장 21절에서 "비천한 사람"이라고 말하는 바로 안티오쿠스 4세입니다.

로마에서 자랐던 안티오쿠스 4세는 도시의 헬레니즘화를 추구하는 등 친로마, 친그리스 정책을 폈습니다. 대단한 행동력을 가졌던 그는 25절 말씀처럼 이집트 원정을 시도하여 알렉산드리아를 정복하였지만 로마의 개입으로 실패합니다.

> "그가 그의 힘을 떨치며 용기를 다하여 큰 군대를 거느리고 남방 왕을 칠 것이요 남방 왕도 심히 크고 강한 군대를 거느리고 맞아 싸울 것이나 능히 당하지 못하리니 이는 그들이 계략을 세워 그를 침이니라"(단11:25)

이후 왕권을 강화하던 안티오쿠스 4세는 뜨거운 종교적 열정을 드러냈는데, 그는 많은 지역에 대규모 신전들을 세웠습니다. 더욱이 그가 팔레스틴 지역을 완전히 정복하면서 그의 종교적 열정은 유대교에 영향을 미치기 시작하였고 그것은 유대교 박해로 이어졌습니다.

> "군대는 그의 편에 서서 성소 곧 견고한 곳을 더럽히며 매일 드리는 제사를 폐하며 멸망하게 하는 가증한 것을 세울 것이며"
> (단11:31)

* 묵상질문

세상 나라와 정치 역사는 온통 음모투성이입니다. 그와 같은 역사 현장에서 우리는 어떤 태도를 가져야 합니까?

안티오쿠스는 신(神)이 아니다

* Lexio 읽기 / 다니엘 11:36-39
가능하면 오늘의 본문을 먼저 읽는 것이 좋지만 바로 아래 글을 읽어도 좋습니다. 충분히
본문을 이해하도록 배려하며 글을 썼습니다. 혹시 본문을 읽으신 분은 감동이 오는 말씀이
나 단어 혹은 느낌을 간단히 적으시면 좋습니다.

> "군대는 그의 편에 서서 성소 곧 견고한 곳을 더럽히며 매일 드리
> 는 제사를 폐하며 멸망하게 하는 가증한 것을 세울 것이며"
>
> (단11:31)

안티오쿠스는 이집트를 침공하지만 로마의 개입으로 뜻을 이루지 못
합니다. 그리고 돌아오는 길에 예루살렘을 침공하고 강력한 헬라화 정
책을 폈습니다.

> "백 사십 삼년에 에집트를 쳐부순 안티오쿠스는 돌아오는 길게
> 대군을 이끌고 이스라엘로 가서 예루살렘으로 쳐들어 갔다."
>
> (공동번역-외경포함/마카베오상1:20)

그는 스스로 '신의 현현자'라 생각했습니다. 그의 이름 뒤에 에피파네
스라고 붙은 이유입니다. 그는 여호와 하나님을 주피터 신이라 칭하였고
우상을 성전 제단에 올려놓았고 돼지로 제물로 바치는 무례를 범하였습
니다.

> "그 왕은 자기 마음대로 행하며 스스로 높여 모든 신보다 크다 하

며 비상한 말로 신들의 신을 대적하며 형통하기를 분노하심이 그칠 때까지 하리니"(단11:36)

안티오쿠스의 적그리스도 행위를 유대인은 거절하지 못합니다. 강력한 박해 때문이었습니다. 요세푸스의 '고대유대사' 일부를 읽어만 봐도 알 수 있습니다.

> "채찍에 맞고 욕보임을 당한 채, 이들은 산 채로 숨을 쉬고 있는 동안 십자가에 못 박혔다. 왕의 명령을 어기고 자녀를 할례한 경우, 그들의 부인과 자녀를 십자가에 못 박힌 아버지 목으로부터 목줄을 매달아 질식시켜 죽였다."(요세푸스, 「고대유대사, vol12」, 255-256쪽)

외경으로 분류된 마카베오서에도 자세히 기록되고 있는데 일부를 소개하면 다음과 같습니다.

> "많은 이스라엘 사람들도 왕의 종교를 받아 들여 안식일을 더럽히고 우상에게 제물을 바쳤다... 성소와 성직자들을 모독할 것. 이교의 재단과 성전과 신당을 세울 것. 돼지와 부정한 동물들을 희생제물로 잡아 바칠 것. 사내 아이들에게 할례를 주지 말 것. 온갖 종류의 음란과 모독의 행위로 스스로를 더럽힐 것... 이 명령을 따르지 않는 자는 사형에 처한다."(공동번역-외경포함/마카베오상1:43-50)

* 묵상질문

하지만 안티오쿠스 에피파네스는 급사합니다. 그는 신이 아니었습니다. 얼마나 어리석은 존재입니까?

마카비와 하스모니안 왕조

* Lexio 읽기 / 다니엘 11:36
가능하면 오늘의 본문을 먼저 읽는 것이 좋지만 바로 아래 글을 읽어도 좋습니다. 충분히 본문을 이해하도록 배려하며 글을 썼습니다. 혹시 본문을 읽으신 분은 감동이 오는 말씀이나 단어 혹은 느낌을 간단히 적으시면 좋습니다.

> "그는 모든 신을 눈 아래 두고 업신여기며 거만해져서 무슨 짓이
> 든지 다 할 것이다. 지극히 높으신 하나님마저 업신여기고 큰소
> 리를 치며 멋대로 굴다가 마침내는 하나님의 진노를 받아 망할
> 것이다."(공동번역/단11:36)

안티오쿠스 에피파네스의 유대인 탄압은 상상을 초월하는 것이었습니다. 그의 최종 목표는 유대인을 완전히 헬라화하는 것이었습니다. 이를 위해 안티오쿠스가 가장 심혈을 기울인 것이 유대교와 예루살렘 성전의 무력화였고, 그것은 성전 모독, 율법과 안식일 비준수, 할례 금지 등으로 나타났습니다. 그때부터 안티오쿠스는 무수한 유대인들을 죽이고 모욕 행위를 일삼습니다.

전방위적으로 진행되던 안티오쿠스의 정책 앞에 유대인들 안에서 일어난 운동 중에 하나가 '하시딤(경건) 운동'이었습니다. 그들은 안티오쿠스의 종교 탄압을 하나님의 진노로 이해하였습니다. 그 이해로 인해 철저히 율법을 지켰는데 대표적으로 안식일 완벽 준수로 드러납니다. 그와 같은 하시드(하디딤 운동 준수자)들을 안티오쿠스가 공격하였는데

주로 안식일에 공격하였습니다. 안식일이기에 저항하지 않았던 그들 상당수가 순교합니다. 이 하시드가 나중에 예수님 당시 바리새인으로 발전됩니다.

안티오쿠스의 강력한 종교탄압 앞에 반기를 든 이는 제사장 맛다디아였습니다. 초기에 맛다디아는 다섯 명의 아들과 함께 거의 게릴라전 형태로 안티오쿠스와 대립합니다. 맛다디아가 죽은 후에는 '망치'란 뜻의 유다 마카비를 중심으로 한 조직적인 독립전쟁을 시작하지만, 그 역시 전사합니다. 이어서 형제인 요나단이 전쟁을 치루지만 결국 안티오쿠스 4세의 아들로 자처한 알렉산더 발라스에게 충성 맹세를 하고 대제사장으로 임명받습니다.

요나단의 뒤를 이은 마카비 가문의 막내 시몬이 지도력을 발휘하여 독립전쟁을 펼쳤고 B.C. 141년 이스라엘의 왕이 되어 하스모니안 왕조를 엽니다. 하지만 사독 가문 출신이 아니면서 대제사장이 된 그의 가문은 하시딤 등 율법에 충실한 유대인들의 지지를 온전히 받지 못하였고 B.C. 63년 로마의 폼페이우스 장군에 의해 예루살렘이 점령되면서 하스모니안 왕조는 로마의 속국으로 그 막을 내립니다.

* 묵상질문
이 놀라운 역사를 다니엘에게 미리 보여준 것입니다. 다니엘의 입장에서 그 느낌을 적어보십시오.

--- --- --- --- --- --- --- --- ---

--- --- --- --- --- --- --- --- ---

모든 것의 끝을 생각하며 살라

* Lexio 읽기 / 다니엘 11:40–12:1
가능하면 오늘의 본문을 먼저 읽는 것이 좋지만 바로 아래 글을 읽어도 좋습니다. 충분히
본문을 이해하도록 배려하며 글을 썼습니다. 혹시 본문을 읽으신 분은 감동이 오는 말씀이
나 단어 혹은 느낌을 간단히 적으시면 좋습니다.

> "마지막 때에 남방 왕이 그와 힘을 겨룰 것이나 북방 왕이 병거와
> 마병과 많은 배로 회오리바람처럼 그에게로 마주 와서 그 여러
> 나라에 침공하여 물이 넘침 같이 지나갈 것이요"(단11:40)

지금까지 흐름을 보면 북방 왕은 시리아, 남방 왕은 이집트를 말한 것으로 보입니다. 하지만 여기서 눈에 거슬리는 단어가 있는데, 바로 "마지막 때에"(단11:40)입니다. 물론 "마지막 때에"라는 표현도 남방 왕 톨레미 왕조가 다시 셀류쿠스 왕조의 시리아를 공격하는 것으로 이해하면 됩니다. 그런데 문제가 있습니다. 이는 실제 역사에서 벌어진 일이 아니기 때문입니다.

> "11:40–45에 묘사된 내용은 아직 일어나지 않은 일들이다. 톨레
> 미가 안티오쿠스에 대해 새로이 반격을 가했다거나(40절), 안티
> 오쿠스가 그 '영화로운 땅'에 등장했다거나(41절), 안티오쿠스가
> 이집트를 정벌하고 리비아와 구스를 점령했다거나(43절), 또는
> 블레셋 평지에서의 그가 최후의 종말을 맞이했다든지(45절) 등의
> 이야기를 기록하고 있는 어떠한 고대 문헌도 발견되지 않았다."

(W. 시블리 타우너, 「Interpretation 다니엘서」, 229쪽)

이집트의 톨레미 왕조는 시리아 셀류쿠스 왕조와 함께 점점 헬라화 되었고 B.C. 30년 로마의 옥타비아누스가 알렉산드리아를 점령한 이래 로마의 속주가 됩니다. 그리고 북방 왕국 시리아의 셀류쿠스 왕조 역시 안티오쿠스 4세 이후 약화되어가다 B.C. 64년 로마의 속주로 편입됩니다. 이와 같은 역사적인 사실을 볼 때 다니엘서 11장 40절의 "마지막 때" 는 종말에 벌어질 것을 묵시문학의 틀에서 기록한 것이라 말해야 옳습 니다. 대부분의 성서학자들이 그렇게 동의합니다.

그러므로 40절 "마지막 때" 이하 벌어지는 사건들은 12장 1절의 "그 때"와 같은 때로 종말에 벌어질 것을 예언한 것으로 보는 것이 옳습니 다.

> "그 때에 네 민족을 호위하는 큰 군주 미가엘이 일어날 것이요 또
> 환난이 있으리니 이는 개국 이래로 그 때까지 없던 환난일 것이
> 며 그 때에 네 백성 중 책에 기록된 모든 자가 구원을 받을 것이
> 라"(단12:1)

* 묵상질문
모든 역사는 끝나는 순간이 옵니다. 그러므로 그날을 생각하며 살 때 우리는 인내와 평화 를 누릴 수 있습니다. 늘 모든 것의 끝을 생각하며 사는 것을 잊지 마십시오.

종말론적 삶을 즐기라

* Lexio 읽기 / 다니엘 12:1-2

가능하면 오늘의 본문을 먼저 읽는 것이 좋지만 바로 아래 글을 읽어도 좋습니다. 충분히 본문을 이해하도록 배려하며 글을 썼습니다. 혹시 본문을 읽으신 분은 감동이 오는 말씀이나 단어 혹은 느낌을 간단히 적으시면 좋습니다.

- -

- -

> "그 때에 네 민족을 호위하는 큰 군주 미가엘이 일어날 것이요 또 환난이 있으리니 이는 개국 이래로 그 때까지 없던 환난일 것이며 그 때에 네 백성 중 책에 기록된 모든 자가 구원을 받을 것이라"(단12:1)

11장 40절부터 12장은 종말을 기록하고 있음을 살폈습니다. 특히 "책에 기록된 모든 자가 구원을 받을 것이라"라는 말씀은 요한계시록의 생명책의 기록과 같습니다.

> "또 내가 보니 죽은 자들이 큰 자나 작은 자나 그 보좌 앞에 서 있는데 책들이 펴 있고 또 다른 책이 펴졌으니 곧 생명책이라 죽은 자들이 자기 행위를 따라 책들에 기록된 대로 심판을 받으니"
> (계20:12)

하나님이 다니엘에게 말씀하신 것은 단순히 이스라엘과 예루살렘 성전의 회복이 아니었습니다. 하나님은 크고 넓은 역사, 종말을 보며 현재를 이해하라고 말씀하신 것입니다. 그것이 다니엘 묵시의 핵심입니다.

드디어 마지막 때에 벌어질 심판을 통한 영생과 영원한 죽음에 대한 말씀을 하셨습니다.

> "땅의 티끌 가운데에서 자는 자 중에서 많은 사람이 깨어나 영생을 받는 자도 있겠고 수치를 당하여서 영원히 부끄러움을 당할 자도 있을 것이며"(단12:2)

요한계시록은 더 구체적으로 종말과 심판을 기록합니다.

> "또 내가 보니 예수를 증언함과 하나님의 말씀 때문에 목 베임을 당한 자들의 영혼들과 또 짐승과 그의 우상에게 경배하지 아니하고 그들의 이마와 손에 그의 표를 받지 아니한 자들이 살아서 그리스도와 더불어 천 년 동안 왕 노릇 하니... 각 사람이 자기의 행위대로 심판을 받고 사망과 음부도 불못에 던져지니 이것은 둘째 사망 곧 불못이라"(계20:4,13-14)

크리스천은 종말을 생각하는 사람입니다. 종말론적 신앙을 가지고 사는 사람입니다. 오늘이 마지막 날인 것처럼 하나님의 사람으로 말씀과 기도로 하나님의 뜻을 알고 지키며 사는 사람입니다. 그렇게 사는 것을 즐거워하는 사람입니다. 더 나아가 이 종말론적 삶을 즐기는 사람입니다.

* 묵상질문

오늘 종말이 온다 해도 구원의 확신이 흐려지지 않는 정도의 믿음이 있어야 합니다. 이를 위해 신앙적 삶을 살며 게을리하지 마셔야 합니다. 잊지 마십시오.

사람을 살릴 수 있게 준비하라

* Lexio 읽기 / 다니엘 12:3,13
가능하면 오늘의 본문을 먼저 읽는 것이 좋지만 바로 아래 글을 읽어도 좋습니다. 충분히
본문을 이해하도록 배려하며 글을 썼습니다. 혹시 본문을 읽으신 분은 감동이 오는 말씀이
나 단어 혹은 느낌을 간단히 적으시면 좋습니다.

> "땅의 티끌 가운데에서 자는 자 중에서 많은 사람이 깨어나 영생
> 을 받는 자도 있겠고 수치를 당하여서 영원히 부끄러움을 당할
> 자도 있을 것이며"(단12:2)

이 기록은 마지막 때에 벌어질 일로 다니엘이 들은 예언이었습니다. 마지막이라는 말은 더 이상 기회가 없다는 뜻입니다. 그 후 "영생"이 있고 "영원한 부끄러움"이 있을 것입니다.

그렇다면 어떻게 사는 것이 종말을 생각하며 사는 것이고, 그때 해야할 가장 중요한 일이 무엇입니까? 하나님이 하신 말씀은 '사람이 중요하다'라는 것입니다. 사람을 살리고 옳은 길로 돌아오게 하는 일은 영원한 가치이고 영원히 빛날 만큼 아름다운 일이 된다는 말씀이었습니다. 하나님이 사랑하시고 독생자를 내어주시기까지 사랑한 사람들을 살리는 놀라운 일을 하는 자들을 하나님이 축복하시는 것은 당연하지 않겠습니까?

"지혜 있는 자는 궁창의 빛과 같이 빛날 것이요 많은 사람을 옳은

데로 돌아오게 한 자는 별과 같이 영원토록 빛나리라"(단12:3)

종말을 사는 우리가 할 수 있는 가장 아름다운 일입니다. 사람을 살리는 일 말입니다. 물론 쉽지 않지만 그럼에도 불구하고 그 길을 걸어가야 합니다. 아무리 어렵고 힘들지라도(단11:33-34) 그 길을 곧게 걸어가는 우리를 바라보면서 사람들은 자신을 다짐하며 새롭게 되기 때문입니다.

"정한 때가 되어 마지막이 올 때까지 지도자들이 이런 고난을 겪는 것을 보고 어떤 사람은 단련을 받아 깨끗해지고 빛날 것이다."(공동번역/단11:35)

그뿐만 아니라 이 일은 영원히 할 수 있는 일이 아닙니다. 어느 날 다니엘에게 말한 것처럼 우리 역시 마지막 날에 이를 것이기 때문입니다.

"너는 가서 마지막을 기다리라 이는 네가 평안히 쉬다가 끝날에는 네 몫을 누릴 것임이라"(단12:13)

그러므로 지금 영원을 보며 훈련해야 하고, 사람들을 옳은 데로 돌아오게 하는 사람으로 준비되어야 합니다.

* **묵상질문**
사람을 살릴 수 있을 만큼 준비되어야 합니다. 우리가 끊임없이 추구해야 하는 이유입니다. 잊지 마십시오.

- -

- -

현재를 하나님의 사람으로 살라

* Lexio 읽기 / 다니엘 12:4-12
가능하면 오늘의 본문을 먼저 읽는 것이 좋지만 바로 아래 글을 읽어도 좋습니다. 충분히 본문을 이해하도록 배려하며 글을 썼습니다. 혹시 본문을 읽으신 분은 감동이 오는 말씀이나 단어 혹은 느낌을 간단히 적으시면 좋습니다.

"다니엘아 마지막 때까지 이 말을 간수하고 이 글을 봉함하라 많
은 사람이 빨리 왕래하며 지식이 더하리라"(단12:4)

"마지막 때까지… 봉함하라." 예루살렘 성전 건축이 멈췄다는 소식을 듣고 걱정하는 다니엘에게 하나님이 보여주신 것은 미래와 종말에 대한 것이었습니다. 그러나 이것이 사람들에게 알려지길 원하지는 않으셨습니다. "봉함하라"의 의미입니다.

하지만 다니엘은 더 구체적으로 알고 싶어 하였습니다. 그래서 다니엘이 "이 놀라운 일의 끝이 어느 때까지냐"(단12:6)고 묻습니다. 이에 대해 "세마포 옷을 입은 자"가 "반드시 한 때 두 때 반 때를 지나서 성도의 권세가 다 깨지기까지이니 그렇게 되면 이 모든 일이 다 끝나리라"(단12:7)라고 대답합니다. 다니엘은 무슨 뜻인지 알 수 없었습니다.

"내가 듣고도 깨닫지 못한지라 내가 이르되 내 주여 이 모든 일의
결국이 어떠하겠나이까"(단12:8)

더욱 다니엘은 궁금해졌습니다. 하지만 다니엘이 들은 대답은 불가하다는 말씀이었습니다.

> "다니엘아, 물러가라. 이 말씀은 마지막 때가 오기까지 봉한 채
> 비밀에 붙여질 것이다."(공동번역/단12:9)

너무 집착하지 말라는 뜻이었습니다. 이상하게 보일 수 있습니다. 미래와 종말에 대해 말씀하시면서도 자세히 아는 것을 막으시기 때문입니다. 그러나 분명한 이유가 있습니다. 종말에 대한 지식은 우리를 깨닫게 하고 새로운 위로와 힘을 얻게 하지만, 동시에 현실을 무시하거나 방임하게 할 수도 있기 때문입니다. 그러니까 이런 메시지가 들어있는 것입니다.

'아무리 고통스러워도 미래는 하나님의 섭리 안에 있다. 걱정하지 말고 현재를 하나님의 사람으로 살아라.'

* 묵상질문
지금, 오늘이 소중합니다. 오늘 사람을 살릴 수 있도록 준비하며 자신에게 주어진 길을 걸어가는 것이 중요합니다. 이제 다니엘서를 마무리하면서 그동안 깨달은 것을 정리해 보시고 함께 나누는 시간을 가지십시오.

다니엘 이야기

뜻을 정하여 세상을 살다

다니엘서는 매우 중요합니다. 단순히 바벨론 포로기 때 이야기를 쓴 책이 아니라 많은 꿈과 상징들이 등장하는 묵시문학적 성격의 책이기 때문입니다. 그러니까 이 책은 오늘 우리 현실을 읽을 수 있는 중요한 책이 된다는 뜻입니다.

바벨론 영성

더욱 이 책이 중요한 것은 오늘 우리 시대를 사도 요한은 요한계시록에서 바벨론 시대라고 정의하기 때문입니다. 사도 요한이 하늘에 올라갔을 때 본 이 세상의 모습은 "바벨론"이었습니다. 그래서 다니엘이 중요합니다. 바벨론과 같은 현 세상에서 하나님의 뜻을 따라 사는 것이 무엇인지를 바벨론에서 살았던 다니엘을 통해 알 수 있기 때문입니다.

이제 바벨론에 대해 살펴보겠습니다. 다니엘서가 말하는 바벨론의 핵심은 첫째 "흠이 없고 아름다우며 모든 재주를 통달하며 지식이 구비하며 학문에 익숙한"(단1:4) 사람을 우대하는 것입니다. 무식하지 않은 사회이고, 지식과 힘과 권력을 가진 자들을 우대하는 사회였습니다. 사도 요한이 보았던 바벨론도 로마의 '팍스 로마나'로 상징될 만큼 근사하며 융성한 문화의 나이스(nice) 한 나라였습니다. 오늘날도 동일합니다. 앞의 조건을 가진 엘리트들이 인정받는 세상이라는 의미에서 말입니다.

두 번째는 바벨론의 영적 논리를 살펴야 합니다. 다니엘과 세 친구는 바벨론이 믿는 이방 신을 섬길 것을 강요받았습니다. 그것만 동의하면 바벨론 세상에서 성공한 사람으로 살아갈 수 있었습니다. 사도 요한은 요한계시록에 등장하는 바벨론을 "음행"을 행하는 나라이며(계14:8), "귀신의 처소와 각종 더러운 영의 모이는 곳"(계18:2)으로 표현하는데, 그 귀신들이 요청하는 물질적 삶의 확인, 곧 짐승의 수인 666인을 맞으면 모든 것이 용인되었습니다. 즉 물질이 신이 된 것입니다.

오늘날 그 현상은 매우 분명합니다. 물질, 외모, 학력, 권력 등 물질적 가치관이 우리의 생명을 정하는 요소가 되고 있습니다. 교회 역시 그것들을 추구하는 것을 교회의 축복과 가치로 여기고 있는 것이 사실입니다.

바벨론의 전략

B.C. 605년에 팔레스타인의 주도권을 다투는 애굽의 바로 느고 왕과 바벨론의 느브갓네살 왕의 치른 전쟁이 그 유명한 갈그미스 전쟁입니다. 이 전쟁에서 승리한 바벨론은 명실상부 세계 최강의 국가가 되었습니다.

힘을 얻게 된 바벨론의 느부갓네살은 친앗수르, 친애굽 정책을 폈던 팔레스타인 국가들을 점령하였습니다. 유다도 예외는 아니었습니다. 남유다를 정복한 바벨론은 "이스라엘 사람 가운데서 왕족과 귀족들의 자제를 몇 명 뽑아"(공동번역/단1:3) 포로로 잡아갔는데, 이것이 바로 바벨론 1차 포로입니다. 그들 중에 다니엘을 비롯한 세 친구가 있었습니다. 예루살렘에서 약 1,400km 떨어진 바벨론까지의 여정이었습니다. 그때 다니엘과 세 친구의 나이는 약 15세 전후였습니다.

바벨론은 앗수르와 달리 이데올로기를 중요시하였습니다. 강압적인 민족 혼합 정책을 편 것이 아니라 식민지의 엘리트들을 포로로 잡아 와 엄청난 혜택과 교육을 통해 바벨론화 시키고자 했습니다. 그렇게 친바벨론화 된 이들을 통해 바벨론 예속 통치를 계속 이어가고자 한 것입니다. 다니엘 등 엘리트 소년들을 포로로 잡아 온 이유입니다. 바벨론은 이들에게 왕의 음식을 주고, 최고의 시설에서 바벨론의 학문과 언어를 가르쳤습니다. 약 3년 동안의 특별 교육이었습니다.

> "그들에게 갈대아 사람의 학문과 언어를 가르치게 하였고 또 왕이 지정하여 그들에게 왕의 음식과 그가 마시는 포도주에서 날마다 쓸 것을 주어 삼 년을 기르게 하였으니 그 후에 그들은 왕앞에 서게 될 것이더라"(단1:4b-5)

바벨론이 제공한 최상의 교육은 일종의 정신 개조 훈련이었습니다. 또 나이가 어릴 때 배워야 효과적이라고 생각했기에 바벨론이 데려온 다니엘과 세 친구는 약 15세 전후였습니다. 바벨론은 교육을 시작하면서 먼저 포로들의 이름을 바벨론식으로 바꿨습니다.

바벨론은 포로들의 이름마다 들어있는 여호와 하나님을 의식했습니다. 그래서 바벨론이 바꾼 이름은 모두 종교적이었습니다. 예를 들어 다니엘의 이름은 벨드사살로 바꿨는데 그들이 섬기는 신 '벨'이 '생명을 지킨다'라는 뜻이었습니다.

이렇게 이름을 바꾸고 왕의 음식을 주고 그 당시로 보면 세계의 중심인 바벨론에서 교육을 받으며 이후에는 왕의 어전에서 일할 수 있는 기회를 가질 수 있었습니다. 요즈음 관점에서 보면 이 세상에서 모두가 부러워하는 권력과 부요와 명성을 얻을 수 있는 기회가 열린 것입니다. 바벨론의 회유와 전략이었습니다.

바벨론 살기

그렇다면 이러한 바벨론에서 우리는 어떤 삶의 양식을 가져야 하는 것입니까? 무엇이 다니엘을 가장 아름다운 하나님의 사람으로 살도록 만들었습니까? 우리가 이 세상에서 살 때 어떻게 살아야 합니까?

가장 중요한 것은 뜻을 정하여 사는 것입니다. 화려하고 강력한 바벨론에서 그들이 주는 모든 것을 누리며 살 수 있었던 그때 다니엘과 세 친구의 이름을 바꿀 수는 있어도 몸과 영혼을 더럽힐 수는 없었습니다. 더욱이 왕의 음식은 그들의 신에게 바쳐진 음식이기도 했기에 그들은 거절하였습니다. 그렇게 그들의 뜻을 순결하게 정한 것입니다.

> "다니엘은 뜻을 정하여 왕의 음식과 그가 마시는 포도주로 자기를 더럽히지 아니하리라 하고 자기를 더럽히지 아니하도록 환관장에게 구하니"(단1:8)

'뜻을 정하다.' 마음을 하나님께 드리는 것입니다. 이것이 믿는 것의 온전한 모습입니다. 하나님을 신뢰하고 믿음의 순결을 지키는 것입니다.

그때 놀라운 일이 벌어졌는데 이처럼 다니엘과 세 친구가 뜻을 정하고 행동으로 옮기는 순간 하나님이 역사하신 것입니다.

> "하나님이 이 네 소년에게 학문을 주시고 모든 서적을 깨닫게 하
> 시고 지혜를 주셨으니"(단1:17a)

하나님이 다니엘과 친구들에게 주신 것은 "학문과 그 밖의 모든 것을 통달할 수 있는 지혜와 지식"(현대인의성경/단1:17)이었습니다. 하나님을 의존하는 자들이 하나님을 닮아가는 것은 당연한 것이기에, 지혜 자체이신 하나님의 지혜로 가득해지는 것은 순리였습니다. 그것만이 아니었습니다. 그중에서도 특별히 다니엘에게 더해진 것이 있었는데, 그것은 비전 곧 꿈을 보고 해석할 수 있는 능력이었습니다. 이것이 언제나 하나님이 쓰시는 방법입니다.

> "특별히 다니엘에게는 꿈과 환상을 해석할 수 있는 능력도 주셨
> 다."(현대인의성경/단1:17)

이후에 왕이 꿈을 꾸었는데 도무지 알 수 없는 내용이었고 온 나라의 모든 마술사, 점성가, 술객 등 소위 지혜자들을 불러 그 꿈의 내용을 해석하라고 명령하였지만 불가능하였습니다. 화가 난 왕은 그 쓸모없는 그들 모두를 죽일 것을 명령했습니다. 물론 다니엘을 비롯한 친구들도 예외는 아니었습니다.

그런데 다니엘이 해석합니다. 물론 처음부터 그 꿈을 안 것은 아니었지만 다니엘은 왕의 명령을 수행하는 근위대장 아리옥에게 자신이 풀겠으니 점술사 등 지혜자들을 죽이지 말라고 부탁합니다. 그리고 다니엘은 그의 세 친구, "하나냐와 미사엘과 아사랴에게 그 일을 알리고"(단

2:17) 함께 기도로 나아갑니다. 그들은 하나님을 전적으로 신뢰한 것입니다.

뜻을 정하여 기도하는 다니엘과 세 친구, 하나님의 사람에게 하나님은 그 꿈을 보여주시고 풀게 하십니다. 그뿐만 아니라 다니엘로 인하여 죽을 뻔했던 모든 이들이 살아나게 됩니다. 결국 하나님 앞에 바르게 서 있는 자들이 있는 것이 세상의 축복입니다. 그들이 세상을 살리기 때문입니다.

> "성읍은 정직한 자의 축복으로 인하여 진흥하고 악한 자의 입으
> 로 말미암아 무너지느니라"(잠11:11)

다니엘 효과

하나님은 바르게 서 있는 다니엘에게 모든 것을 알려주셨습니다. 다니엘은 왕의 꿈을 해석해 줍니다. 느부갓네살은 매우 놀랐습니다. 더욱이 다른 마술사나 술법사들이 했던 말, "인간과 동떨어져 있는 신들밖에는 임금님께 그것을 말씀드릴 자가 없습니다"(공동번역/단2:11)라는 말이 떠오릅니다. 그때 왕은 하나님을 경험합니다. 그 순간 왕은 다니엘에게 갑작스러운 태도를 취하였습니다.

> "느부갓네살 왕이 엎드려 다니엘에게 절하고 명하여 예물과 향품
> 을 그에게 주게 하니라"(단2:46)

그것은 항복의 상징이었고 다니엘과 하나님에게 굴복한다는 표현이었습니다. 그뿐만 아니라 놀라운 고백을 합니다.

"너희 하나님은 참으로 모든 신들의 신이시요 모든 왕의 주재시
로다 네가 능히 이 은밀한 것을 나타내었으니 네 하나님은 또 은
밀한 것을 나타내시는 이시로다"(단2:47)

이후 느부갓네살은 다니엘을 바벨론 온 지방의 통치자로 세우고 지혜
자의 어른으로 삼았으며 다니엘의 요구대로 세 친구에게도 바벨론 지방
의 일을 다스리게 합니다.

이처럼 느부갓네살이 하나님을 인정하고 다니엘을 온 나라를 다스리
게 하던 어느 날, 갑자기 딴 사람처럼 변합니다. 스스로 자신을 신으로
섬기게 한 것인지 아니면 벨의 신상인지 알 수 없지만 금 신상을 만들어
경배하게 한 것입니다.

"느부갓네살 왕이 금으로 신상을 만들었으니 높이는 육십 규빗이
요 너비는 여섯 규빗이라 그것을 바벨론 지방의 두라 평지에 세
웠더라"(단3:1)

이 일은 꿈 해석 사건 이후 16년이 흐른 후의 일입니다. 그 시간 동안
느부갓네살이 변한 것입니다. 흥미롭게도 칠십인역의 기록에는 이 시간
을 표기하였는데 바로 1절 시작을 '그의 18년에'라고 쓴 점입니다. 즉 느
부갓네살 18년이란 뜻인데 그 해는 B.C. 587년으로 남유다를 정복한 때
이고 다니엘이 꿈을 해석한 지 16년이 흐른 후입니다. 그렇다면 금 신상
을 만든 것은 남유다를 멸망시킨 후 스스로가 여호와 하나님보다 더 높
은 존재임을 과시하기 위한 시도였는지도 모릅니다.

여하튼 느부갓네살은 금 신상을 만든 후 낙성식에 "총독과 수령과 행
정관과 모사와 재무관과 재판관과 법률사와 각 지방 모든 관원"(단3:3)

들을 참석하도록 하였고, "백성들과 나라들과 각 언어로 말하는 자들"(단3:4)에게도 명령한 것을 볼 때 외국 피정복국가의 사절들도 오게 한 것으로 보입니다. 그리고 모두가 주악에 맞춰 금 신상에게 절하도록 명령을 내립니다.

그런데 다니엘의 세 친구가 거절합니다. 그것은 죽음을 의미했습니다. 세 친구는 평소보다 일곱 배나 더 세게 가열된 풀무불에 던져집니다. 하지만 그들은 살아있었고 느부갓네살은 그들과 함께 있는 "신들의 아들"(단3:25)을 발견합니다. 예수를 알지 못하는 느부갓네살은 이렇게 표현했지만 예수를 아는 우리에게 "신들의 아들"은 예수 그리스도임을 알 수 있습니다. 곧 하나님의 임마누엘 사건이었습니다.

그 순간 느부갓네살은 그동안 잊고 간과했던 하나님을 생각한 것으로 보입니다. 그는 가만히 있을 수가 없었습니다. 심지어 풀무불 어귀 가까이 가서 소리쳐 "가장 높으신 하나님의 종"이라고 호칭하며 그들을 부릅니다. 그리고 하나님이 하신 일임을 시인하면서 동시에 놀라운 조서를 내립니다.

> "내가 이제 조서를 내리노니 각 백성과 각 나라와 각 언어를 말하
> 는 자가 모두 사드락과 메삭과 아벳느고의 하나님께 경솔히 말
> 하거든 그 몸을 쪼개고 그 집을 거름터로 삼을지니 이는 이같이
> 사람을 구원할 다른 신이 없음이니라 하더라"(단3:29)

다니엘 교훈

재미있는 것은 1장 마지막 절의 기록입니다. 21절은 다니엘이 고레스

왕 원년까지 있었다고 기록합니다. 고레스 원년은 바벨론의 마지막 왕인 벨사살이 고레스의 공격으로 죽고 바벨론이 멸망하던 B.C. 539년입니다. 다니엘이 포로로 잡혀왔던 B.C. 605년에 15살이었다고 생각하면 당시 다니엘은 83세 정도의 고령이 된 것입니다.

> "다니엘은 고레스 왕 원년까지 있으니라"(단1:21)

그리고 우리가 익히 알듯 "바벨론 왕 고레스 원년에 고레스 왕이 조서를 내려 하나님의 이 성전을 다시 건축하게"(스5:13)하는 역사가 일어납니다. 다니엘은 1차 포로부터 성전 건축 조서가 내려질 때까지 살아있었던 것입니다. 이것은 모두 다니엘의 결론이라 말하지 않을 수 없습니다.

바벨론과 같은 오늘 이 시대를 살아가는 우리에게도 다니엘과 같은 동일한 힘이 주어집니다. 더욱이 하나님은 우리에게도 비전과 계시를 주신다고 약속하셨습니다.

> "말세에 내가 내 영을 모든 육체에 부어 주리니 너희의 자녀들은 예언할 것이요 너희의 젊은이들은 환상을 보고 너희의 늙은이들은 꿈을 꾸리라"(행2:17)

다니엘의 신앙은 하나님의 기적을 보게 하였고 그의 신앙에는 수많은 사람들, 심지어 이방인들까지 주님께로 돌아오게 하는 힘이 있었습니다. 뜻을 정한 자에게 주어지는 하나님의 역사였습니다. 그리고 다니엘서 마지막은 그 모습을 이렇게 정리함으로 책을 마무리합니다.

> "지혜 있는 자는 궁창의 빛과 같이 빛날 것이요 많은 사람을 옳은 데로 돌아오게 한 자는 별과 같이 영원토록 빛나리라"(단12:3)